루이 알튀세르의
이데올로기

루이 알튀세르의
이데올로기

루크 페레터 지음 | **심세광** 옮김

앨피

알튀세르, 의심과 과학의 철학자

"나는 사기꾼이다"

루이 알튀세르는 1918년 10월 16일 알제리에서 태어났다. 알튀세르는 이후 홀어머니와 함께 프랑스로 이주하여 마르세유에서 중등교육을 받고, 1939년 파리 고등사범학교에 입학한다. 그러나 같은 해 9월에 징집된 알튀세르는 무려 5년간 독일에 전쟁 포로로 잡혀 있었다. 이후 그는 1945년 철학 공부를 재개하고, 1948년 가스통 바슐라르의 지도 하에 헤겔에 대한 논문을 쓰고 고등사범학교를 마치게 된다. 이후 알튀세르는 고등사범학교에서 지속적으로 강의를 하게 되었고, 허약한 건강 덕분에 고등사범학교 내에서 줄곧 살 수 있게 되었다.

알튀세르는 젊은 시절 가톨릭교회 단체에 속해 있었으나, 1948년 프랑스공산당에 가입한다. 알튀세르는 공산당의 소심하고 보수적인 태도 때문에 많은 사람들이 공산당을 떠나던 시절인 1968년 5월 이후에도 진성 당원으로 남아 있었다. 그러나 공산당과 알튀세르의 관계는 애매모호했다. 알튀세르는 공산당 제일 철학자 로제 가로디와 빈번히 논쟁을 벌였다. 이런 그

의 논쟁적 성격 때문에 공산당의 공식적 철학자의 위상을 획득
할 수는 없었지만, 그렇다고 해서 공산당 지도자들에게 무시당
하거나 하진 않았다. 오히려 공산당에 많은 친구가 있었다.

알튀세르는 1948년부터 정신분석 치료를 받기 시작하여 이
후 평생 이 치료를 지속하게 된다. 열정적인 활동기 이후 심각
한 우울을 경험하면서 알튀세르는 종종 정신요양원에서 요양을
했다. 그리고 1980년 11월 16일, 알튀세르는 아내를 목 졸라 살
해한다. 고등사범학교 의사는 알튀세르를 경찰에 신고하기도 전
에 신속히 정신병동으로 이송했다. 결국 알튀세르는 아내 살인
에 대한 책임이 없는 것으로 판단되어 3년간 정신병원에서 치료
를 받게 된다. 이후 그는 신체와 정신 치료를 위해 더 빈번히 입
원하게 되고, 마침내 1990년 정신병원에서 세상을 떠나게 된다.

오랫동안 알튀세르는 그의 강의를 듣는 학생들에게만 알려진
인물이었다. 그러다가 루트비히 포이어바흐 저작의 프랑스어 번
역과 서문, 그리고 본인의 연구를 책으로 출간한 《마르크스를
위하여》를 통해 1960년대 초반부터 학교 밖으로 이름을 알리게
된다. 그의 명성은 프랑스뿐만 아니라 바깥 세계로도 퍼져 나갔
고, 특히 라틴아메리카에서 알튀세르의 명성은 더할 나위 없이
드높았다.

1964년 알튀세르는 다른 교육기관이 라캉의 세미나를 논란
의 여지가 많다는 이유로 거부할 때 라캉을 고등사범학교 강연
에 초청하였다. 그리고 자신이 이전에 쓴 글들을 재검토하기 시
작하던 1967년 알튀세르에게 새로운 시대가 열린다. 알튀세르

의 자기 성찰은 때로 극단적인 자아비판으로 이어졌다. 1978년 프랑스공산당을 비판하는 일련의 논고들(《당 내에서 더 이상 지속되어선 안 될 것》)로 인해 그는 공산당 지도자들로부터 배척받게 되지만, 프랑스공산당 당중앙위원회는 이례적으로 그를 강도 높게 비판하지 않는다. 이는 공산당 내의 문화적인 변화를 의미하는 것이었다.

1980년 라캉이 그의 추종자들 간의 상호 파문으로 궁지에 몰렸을 때 알튀세르는 공적인 발언의 장에서 라캉을 위대하고 열정적인 분석가라고 치켜세운다. 그리고 바로 그해, 알튀세르는 아내를 목 졸라 살해한다.

이후 집필한 '미래는 오래 지속된다'라는 제목의 자서전에서, 알튀세르는 철학과의 오랜 관계를 정리하며 자신은 인생 전반에 지대한 영향을 미친 맑스와 프로이트를 결코 완독하지 못했고 따라서 양자를 결코 제대로 이해하지 못한 사기꾼이라고 고백한다.

맑스주의와 정신분석학

알튀세르의 저작들은 제2차 세계대전 이후 수십 년간 프랑스에서 가장 강력한 지배력을 행사한 두 기관, 고등사범학교와 공산당이라는 맥락 속에서 가장 잘 이해될 수 있다. 규정에 의하면 고등사범학교는 고등교원을 양성하는 공립학교이지만, 20세기에 족적을 남긴 거의 모든 프랑스 철학자들이 거쳐 간 프랑스 철학의 산실이다. 프랑스공산당으로 말할 것 같으면, 비록 프랑스 정치에 결정적인 영향을 끼치지는 못했다 할지라도 1945년부터 1968년에 이르는 시기에 프랑스 전체 유권자의 3분의 1을 확보하고 프랑스 지식인계에서 헤게모니를 장악하는 등 지배적인 역할을 했다. 1953년 장 폴 사르트르는 "공산당에 반대하는 자는 개다"라고 당시의 시대 분위기를 적절하게 표현했다.

하지만 스탈린 사망 이후 맑스에 대한 다양한 재평가와 재검토 그리고 회귀가 긴급한 현안으로 대두되었다. 젊은 시절의 저항적인 맑스와 성년기의 권위적인 맑스를 대조시키는 데 휴머니즘과 윤리가 동원되었다. 하지만 이런 종류의 짜증나는 종합으로는 그 다수가 대학에 입학하고 세계의 급진적인 변혁을 열망하던 베이비부머 세대를 만족시키지 못했다. 바로 이것이 알튀세르가 '개입'하게 되는 구체적인 맥락이다. 알튀세르는 맑스의 내적 정합성을 충족시킬 새로운 의미와 기준을 제공하면 그것이 철학 내에서뿐 아니라 공산당 내에서도 새로운 보증을 받게 될 것이라고 생각한 것 같다.

알튀세르는 애초부터 맑스주의 철학과 프로이트의 정신분석학이라는 두 '의심의 철학'을 가지고 작업을 하였다. 요컨대 알튀세르는 이데올로기와 무의식 개념을 결합시켜 인간이 실제성에 대해 갖는 직관이 본질적으로 오류에 빠져 있다고 주장한다. 바로 이런 토대 위에서 알튀세르는 직관이 인식에 유효한 토대를 제공한다고 주장하는, 서로 상반된 교의에 기초한 20세기의 주요 철학이라 할 현상학과 경험주의를 적으로 규정하며 독창적인 통합을 추진한다.

알튀세르에 따르면, 인식과 관련해 고립 상태에 있는 지각 주체는 먼저 자기 자신을 사회적 맥락으로부터 떼어 낸 후 숙고를 거쳐 다시 사회적 맥락에 삽입시킨다. 그러므로 현상학에 이의가 제기된다. 알튀세르가 보기에, 인식의 구축을 위한 초석 역할을 하는 순수하고 기본이 되는 '사실'은 존재하지 않는다. 요컨대 실제로 주어진 소여는 상호작용하는 요소들에 의해 구축된 복합체인 것이다. 그러므로 경험주의와 실증주의에도 이의가 제기된다. 인식과 물질성이라는 두 영역은 본래 서로 어긋나 있고 서로 이질적이라는 것이다. 철학이 필연적으로 말과 대면하게 되고, 철학의 애초 임무는 이 말의 작용을 이해하는 것이라고 알튀세르는 지적한다.

도구와 물질이 노동자에게 항시 사전에 주어져 있고, 일정 유형의 사회가 개인에게 사전에 주어진 소여인 것처럼, 철학의 실제적인 소여는 현실과 관련해 생산된 담론들의 총체라는 것이다. 이 담론들 전체가 각각의 말이 서로 맺고 있는 구조적 관계를 결정한다는 것이다. 개인들이 말과 관련해 결정할 수도 있는 것을 넘어서서 말은 과거의 상호작용을 내포하고 있고, 이 상호작용이 현재 말이 벌이는 투쟁 내에서 각기 자신의 탁월성을 확보하기 위해 갈등하는 이데올로기들이 결합되는 방식을 결정하게 된다는 것이다. 엄밀히 말해서, 어떤 담론도 오류일 수는 없다. 하지만 담론은 어떤 특수한 이해관계를 드러낸다. 과학적 담론만이 이데올로기의 위험을 피해 갈 수 있다. 왜냐하면 과학은 이데올로기에 반대해 이데올로기를 비판하는 것으로 구축되었기 때문이다. 결과적으로 알튀세르의 철학은 과학적 텍스트를 특히 강조하는 텍스트 해석 방법론에 관한 이론이라 할 수 있을 것이다.

알튀세르의 역사과학

인식의 영역에서 일어나는 중대한 발견들은 동일한 절차를 따른다. 우선 하나의 문제와 관련된 다양한 관점들에 대한 비판적 독서가 첫 번째 단계이다. 이 단계를 거치며 이 문제와 관련된 담론의 내적 모순, 예컨대 논리적이고 과학적 측면에서의 결점들이 소거된다. 두 번째 단계는 이러한 결점들의 일관된 속성이 그것들이 숨기고 있는 진실을 드러내게 되는 단계이다. 알튀세르가 '징후적 독서'라고 말하는 모델은 정신분석학적 치료 모델이다.

분석 대상자가 치료를 거듭하면서 자서전적 이야기를 구축하면, 이후 이 이야기가 정합적이 되어 가고 모순을 극복하며 결여된 부분을 채워 넣어 완성된다는 것이 정신분석학적 치료 모델이다. 분석가의 임무는 우선 신경증을 발생시키는 빠진(금기시되는) 말(기표)를 찾아내는 일이고, 이어서 그것을 피분석자의 해석을 통해 드러나게 하는 것이다. 자서전적인 진술의 부분들은 금기시된 기표로 인해 빠졌을 수 있고, 자기모순으로 이야기를 왜곡시키는 간극은 신경증적인 증후로 신체에 반영될 수도 있다. 이와 유사한 방식으로 '징후적 독자'는 선구자들의 불완전하고 어색한 이론들을 폭로한다는 것이다. 그래서 맑스는 애덤 스미스를 읽으며 실종된 의미를 복원하였고, 그 결과 애덤 스미스의 결함과 자기모순을 해결했다는 것이다.

알튀세르는 맑스와 관련해 동일한 작업을 계획했다. 알튀세르의 관점에서 과학은 집단적 담론이고, 또 탐구 대상과 방법론, 이 방법론이 취하는 관점에 근거한 하나의 문제계로서 집단적 담론을 특징짓는 통일성을 갖추고 있다. 그러므로 이 문제계는 있을 수 있는 해답을 사전에 결정한다고 할 수 있다. 그러나 과학은 수많은 침묵이나 오류 등처럼 자신이 표현하는 데 실패한 모든 것을 포착할 수도 있다. 이러한 침묵과 실수가 분명히 눈에 들어와서 적절하게 수정되었을 때 비로소 갈릴레오는 아리스토텔레스를, 뉴턴은 갈릴레오를, 아인슈타인은 뉴턴을 대체할 수 있었다. 이런 방식으로 인식에 기여함으로써 어떤 특수한 대상을 연구하는 새로운 방법과 새로운 구조가 생겨난 것이다.

알튀세르는 그러므로 과학에서 진보를 논하는 것은 적절하지 않다고 말한다. 왜냐하면 과학은 도약과 기존의 간극을 건너뛰면서 발전하기 때문이다. 알튀세르의 용어를 사용한다면 '인식론적 단절'을 통해 발전한다. 이렇게 어떤 이론의 설명적 간극의 위치를 확정하는 작업은 낡은 이론을 막 대체하려고 하는 새로운 이론의 일부를 이루고 있다. 이 '인식론적 단절' 개념은 바슐라르의 '인식론적 장애'로부터 기원하는 것이고, 토머스 쿤의 '패러다임 변화'와 미셸 푸코의 '에피스테메' 변동은 인식론적 단절과 관련된 또 다른 변이체들을 제공한다. 그러므로 독창적 인식은, 이미 존재하지만 결점이 있는 인식에 새로운 개념적 격자를 적용하는 비판적 작업을 통해 획득되는 산물이다. 독창적인 인식은 선행하는 인식의 섬세화가 결코 아니다. 인식의 역사는 선적이고 연속적인 방식으로 이해되어서는 안 되고 갑작스러운 변화의 관점에서, 불연속적으로 급격히 단절되는 방식으로 이해되어야 한다.

그렇다면 알튀세르는 이러한 재구성을 통해 맑스 과학에서 어떤 특수한 것을 발견한 것일까? 한 마디로, 사회는 그 안에서 구조 자체가 작동하고 있는 구조화된 총체라는 사실이다. 또 모든 인간 주체가 내포되어 있는 언어와 더불어, 의식하지 못하고 실어 나르는 이데올로기와 더불어, 인간 주체는 생산관계 안에서 살고 있다는 사실이다.

인간 주체는 이 생산관계의 수단이자 생산자이다. 결과적으로 이러한 맑스 과학은 안티–휴머니즘이다. 사회의 특수한 상태는 개인적으로든 집단적으로든 인간 주체가 만들어 낸 것이 아니라 구조들이 상호작용하여 만들어진 것이다. 전체는 복합적인 것이다. 그리고 역사의 어떤 특정한 시대에 경제적이거나 이데올로기적인 구조 가운데 어떤 구조가 사회의 어떤 특정한 상태를 만들어 내는 데 결정적인 역할을 하는지를 파악하기란 불가능하다.

예를 들어 1947년 볼셰비키 혁명은 러시아의 빈곤 때문에만 발생했다고 말할 수 없다. 볼셰비키 혁명은 당시 러시아의 문화적 · 국가적 · 이데올로기적 특수성으로 인해서도 발생한 혁명이다. 혁명을 분석하는 자가 대면해야 하는 것은 하나의 특수한 국면이고, 이 국면 내에서 하나의 구조는 이 사건을 중층적으로 결정한다. 그럼에도 불구하고 알튀세르의 관점에서 궁극적인 결정은 모든 경우에 경제적인 성격을 갖는다. 이는 맑스주의가 자연스럽게 가정하는 바이기도 하다. 그리고 바로 이것이 전제될 필요가 있는 맑스주의 자체의 과학성이다.

맑스는 실제로 새로운 과학, 요컨대 '역사적유물론'이라는 역사과학을 기초하였을 뿐만 아니라 인식 이론을 구축하게 하는 요소들, 요컨대 '변증법적유물론'이라는 철학을 만들어 내었다. 철학이 소위 과학의 영역으로 들어가 저만의 일반이론을 만들어 내었다는 것이다. 하지만 이렇게 하면서 바로 이 과학으로부터 과학성의 기준이 추출되고 말았다. 이 과학의 과학성은 설정을 필요로 하는 것이다. 바로 여기에 알튀세르 추론의 순환성이 존재한다. 그러므로 독자는 맑스 글의 과학성을 자신의 출발점으로 간주하면서 맑스의 과학성을 발견하는 것이 된다.

따라서 한편으로 징후적 독서는 언어와 사회의 구조적 본질을 통해 정당화된다. 다른 한편으로 언어와 사회의 구조적 본질은 징후적 독서로 촉발된 발견이다. 알튀세르는 자신의 논리가 순환적이라는 점을 인정하면서도 이것이 인식의 순환이 지닌 속성이라고 생각한다. 이 순환은 반복되는 역사적 과정에서 뒤에 오는 것으로 증명되는 계기적인 단계들로 이루어진 변증법적인 순환이 아니다. 알튀세르는 헤겔의 역사주의를 거부한다. 실험을 통해 유효화된 이론적 결과라는 개념도 거부한다. 결과적으로 맑스주의는 그 속성상 경험적이지도 역사적이지도 않은 사회적 수학과 동일시된다. 알려지지 않은 방식으로 설정되고 현실과도 불투명한 관계를 유지하는 고유의 과학성 기준을 지닌 사회적 수학과 유사하다.

물론 알튀세르는 이 점을 부인하겠지만, 독자들은 알튀세르가 맑스, 레닌, 마오쩌둥, 심지어 스탈린의 이름을 환기할 때 맑스–레닌주의 과학성을 설정하는 궁극이 소련과 중국에서 발생했다는 사회 계급의 소멸이라는 느낌이 들게 된다.

알튀세르 철학의 소중함

이러한 주장들은 이것들이 제기된 당시에도 의심스러운 것이었지만 오늘날에는 받아들여질 수 없는 사실이 되었다. 바로 이러한 속성으로 인해 알튀세르의 철학이 상당 부분 시대에 뒤떨어진 철학이 되었다는 것은 분명한 사실 같다.

그럼에도 불구하고 알튀세르는 철학적이자 과학적 모든 담론의 특수성과 독자성을 옹호하려는 투쟁으로서 철학을 제시했고, 여기에 그의 공헌이 있다. 주관주의와 휴머니즘은 공허한 언어기만으로 치닫는 윤리를 구실 삼아 과학을 억압한다. 의지주의와 역사주의는 과학을 정치로 환원한다. 경제중심주의는 기계적인 인과론의 관점에서 철학을 파괴한다. 이에 맞서 철학은 이데올로기의 장광설이 빈번하게 가하는 위협에 대항하는 엄격한 이론적 연구의 필요조건들을 유지한다. 그러므로 철학은 순수 진리에 대한 공평무사하고 객관적인 탐구가 아니라, 인식을 정치적 이해관계에 종속시키려는 시도를 막는 지난한 투쟁인 것이다.

그의 자서전이 잘 보여 주듯, 알튀세르는 이와 같은 투쟁을 몸소 체험했다. 하지만 이러한 투쟁을 단지 언어의 무대로만 설정하였기 때문에 세계의 현실과 그의 이론의 자족적 세계 사이에 벌어진 간극으로 인해 불안정한 상태에서 파열되어 버린 것 같다.

알튀세르는 정치적 동료들이 저지른 비난 받아 마땅한 행동을 용서했지만 이론적 엄격성이라는 지극히 전제적인 개념을 발전시켰고, 종국에는 이 개념의 세부 사항을 고전 철학자들의 철학적 위대함과 비교하며 이 개념이 사기와 거짓에 지나지 않는다고 자인하였다. 알튀세르의 저작은 철학, 맑스주의, 광기의 기치 하에 씌어졌고, 이 각각의 요소들은 상호 독립적으로 작용하고 있다. 비록 오늘날 알튀세르 철학은 그 탁월함을 상실했지만, 20세기 후반의 모호성에 대한 소중한 교훈을 준다. 또 오늘날 프로파간다나 광고와 관련해 제기되는 중요한 문제들, 요컨대 말이 의미하는 바와 관련된 문제, 말의 의미를 설정하는 방식에 관련된 문제, 이 역할을 담당하는 주체와 관련된 문제 등을 사유할 유용한 관점을 제공한다.

2014년 7월

옮긴이

알튀세르 이후

알튀세르의 모든 것

Louis Althusser

왜
알튀세르인가?

Louis Althusser

■ 일러두기

본문에 인용된 도서의 약어 표기는 다음과 같다. 더 자세한 서지 사항은 책 뒤 〈알튀세르의 모든 것〉과 〈참고문헌〉 참조.

알튀세르의 저작
'M'   'The Crisis of Marxism'
ESC   *Essays in Self-Criticism*
FLLT   *The Future Lasts a Long Time : A Memoir*
FM   *For Marx*
LP   *Lenin and Philosophy, and Other Essays*
PSPS   *Philosophy and the Spontaneous Philosophy of the Scientists*
RC   *Reading Capital*
'MCP'   'What Must Change in the Party'

맑스의 저작
C   *Capital : A Critique of Political Economy*
EPM   *Economic and Philosophical Manuscripts of 1844*
G   *Grundrisse : Foundations of the Critique of Political Economy*
SW   *Selected Writings*

맑스와 엥겔스의 저작
CM   *The Communist Manifesto*
GI   *The German Ideology*
SC   *Selected Correspondence*

원어 표기 인명이나 지명은 외래어 표기용례를 따랐다. 단, 널리 알려진 이름이나 표기가 굳어진 명칭은 그대로 사용했다. 본문에서 주요 인물(생몰연대)이나 도서, 영화 등의 원어명은 맨 처음, 주요하게 언급될 때 병기했다.

출처 표시 주요 인용구 뒤에는 괄호를 두어 간략한 출처를 표기했다. 국내 번역물을 인용한 경우에는 해당 번역물의 출처도 표기. 상세한 서지 사항은 책 뒤 〈참고문헌〉 참조.

도서 제목 본문에 나오는 도서 제목은 원 제목을 번역 표기하는 것을 원칙으로 하되, 국내에 번역 출간된 도서는 그 제목을 따랐다.

옮긴이 주 옮긴이 주는 (―옮긴이)로 표기했다. 단, 본문 중간에 들어가는 주는 〔 〕로 별도 표기했다.

| 이데올로기 이론 개발자 |

"왜 알튀세르인가?"라는 질문에 대한 간단한 대답은 "자본주의 때문"일 것이다.

　이윤을 목적으로 재화가 생산되는 자본주의경제를 기반으로 하는 사회에 사는 한, 알튀세르와 같은 사상가 없이는 이 사회의 문학과 문화를 이해할 수 없을 것이다. 예를 하나 들어 설명해 보자.

　영국의 배우 겸 영화감독인 리처드 아텐보로의 영화 〈채플린 Chaplin〉(1992)에서 찰리 채플린(로버트 다우니 주니어 분)과 더글러스 페어뱅스(케빈 클라인 분)는 말을 타고 할리우드 언덕을 올라 저 유명한 할리우드 간판에 이른다. 'Hollywoodland'라고 씌어진 이 간판은 원래 부동산 개발 광고였다. 페어뱅스는 채플린이 걱정된다. FBI 요원이 찾아와 그의 주변 사람들이 모두 "충실한 미국인"인지를 물었기 때문이다. 그 요원은 채플린이 공산당원이 아니냐고 물었다. 페어뱅크스는 채플린에게 이런 권위주의적인 분위기 속에서는 조심해야 한다고 조언한다.

> 페어뱅스: 자네는 외국인일세. 외부인이라고. 이 나라를 전혀 몰라.
> 채플린: 속은 좋은 나라가 아닌가?
> 페어뱅스: 겉보기에는 좋은 나라지. 우리가 겁을 먹지 않는 한 속은 드러나지 않아.

"겉보기에는 좋은" 나라지만 실제로는 덜 좋은 나라. 이것이 바로 맑스주의 전통이 묘사하는 바 '이데올로기ideology'다. 이 용어는 복잡한 역사를 갖고 있지만, 본질적인 의미는 이러하다. 〔요컨대〕자본주의는 착취의 체계라는 것이다.

자본주의는 수많은 방식으로 이루어지는, 특정 계급에 대한 다른 계급의 착취에 의존한다. 프리드리히 엥겔스Friedrich Engels의 《영국 노동계급의 상황Die Lage der arbeitenden Klasse in England》(1844)에 그려진 산업 노동자계급의 고통이 그 역사적인 예이다. 자본주의경제의 이익으로 혜택을 받는 사회 계급이 있는 반면, 또 다른 사회 계급은 빈곤과 궁핍 속에서 살아야만 하는 것이다. 그렇다면 우리가 이러한 체계에 기초하여 살고 있음을 어떻게 정당화할 수 있을까?

이 체계에 대해 이와 같은 방식으로 말하지 않으면 된다. 맑스주의자들은 경제 이론과 철학에서부터 소설과 신문 보도에 이르기까지 모든 담론 내에서 우리가 사는 사회경제적 관계의 현실이 체계적으로 그릇되게 표상되고 있다고 주장한다. 그리고 이처럼 정치적 동기가 담긴 그릇된 표상이 바로 '이데올로기'가 의미하는 바이다.

알튀세르에 따르면, 이 그릇된 표상은 문학과 대중문화 그리고 이 담론들에 대한 우리의 비판적 대응 등 자본주의사회 내에서 우리가 언어를 사용하는 모든 방식에서 생겨난다. 아텐보로의 영화는 이 점을 충분히 암시한다. 더글러스 페어뱅스는 문화산업을 상징하는 할리우드 간판 위에 앉아서 미국을 "겉보기에는 좋은" 나라라고 말한다.

채플린과 달리 알튀세르는 진짜 공산당원이었다. 알튀세르는 맑스 이론, 특히 이데올로기 이론을 혁명적으로 변화시켰다. 겉보기에 좋은 나라에 살고 있는 우리 모두를 위해 알튀세르는 그러한 사회에서 생산되고 읽히는 문학과 문화를 이해하는 법을 알려 준다. 그리고 이러한 이해를 토대로 해야만 이 사회를 변화시킬 수 있다고 주장한다.

| 알튀세르의 삶 |

루이 피에르 알튀세르Louis Pierre Althusser는 1918년 10월 알제리의 수도인 알제 근빙에서 은행 간부와 전직 교사 사이의 상남으로 태어났다. 알튀세르는 알제에서, 그리고 프랑스의 마르세유와 리옹에서 성장했다. 독실한 가톨릭 신자인 그는 학생기독운동을 창설했으며, 이를 종교적 소명으로 여기기까지 했다.

1939년 9월 알튀세르는 대학교수를 양성하는 파리 고등사범학교에 합격했지만, 입학도 하기 전에 징집되어 1940년 6월에 포로가 되었다. 북부 독일의 포로수용소에 이송되어 처음에는 강제노역을 했으나, 병에 걸려 수용소 의무실에서 의무병으로 일했다. 그때 철학과 문학작품을 폭넓게 읽을 수 있는 시간을 얻었다. 해방 이후 고등사범학교에서 다시 학업을 시작하여, 1947년 독일 관념론 철학자 헤겔G. W. F. Hegel(1770~1831)에 관한 석사 학위 논문을 썼다. 1948년 철학 조교로 임명된 이후 고등사범학교를 근거지로 학문 활동을 시작했다. 그리고 같은 해 10월, 여전히 가톨릭 신앙을 가지고 있음에도 불구하고 공산당에 가입했다. 당시 많은 프랑스 지식인들이 활동하고 있었다. 알튀세르는 자전적인 글에서 이렇게 썼다.

"1945년 독일의 대패와 스탈린그라드의 승리 이후, 〔공산주의의 기운이 감돌았고〕 레지스탕스 운동을 통한 경험과 희망들이 널리 퍼지고 있었다."(FLLT : 339)

알튀세르는 서로 적대적인 가톨릭교회와 공산당에 모두 몸담고 있는 불편한 상황을, 그가 공공연히 인정한 것보다도 더 오랫동안 유지했다. 그가 맹렬히 신봉한 노동사제worker-priest 운동 및 여타 급진 단체에 가톨릭 신자가 가입하는 것을 바티칸이 금지하는 1950년대 초까지 그는 양쪽에 다 관여했다.

그리고 1960년부터 카를 맑스Karl Marx(1818~1883) 철학에 관한 매우 영향력 있는 일련의 연구들을 시작하여, 1965년 이 연구를 '맑스를 위하여Pour Marx'라는 제목으로 출간했다. 맑스의 작업을 가톨릭 교리를 포함하는 현대 사유 체계에 통합하려는 당대의 경향에 반하여, 알튀세르는 맑스가 여타 모든 비맑스적 사유와는 비교될 수 없는 대단히 새로운 과학을 창설했다고 주장했다. 1960년부터 1966년까지 그는 맑스가 "우리에게 주춧돌을 남겼다"고 주장하며 이 과학의 근본적인 원리를 상술했다. 현대의 한 비평가는 그의 기획에 대해 다음과 같이 기술한다.

> 새로운 저항 세대는 새로운 방식의 혁명 이데올로기를 필요로 한다. 그리고 알튀세르는 근본적으로 자신의 주변에서 일어나는 정치적이고 지적인 온건화에 도전하는, 이데올로기적인 강경파이다.(Hobsbawm 1994 : 4)

《마르크스를 위하여》가 출간되던 해(1965), 알튀세르가 그의 고등사범학교 학생들과 함께 맑스의 《자본론》(1867년 초판은 'Das Kapital'로 출판)에 관해 작성한 일련의 논문들을 엮은 《자본론을 읽는다Lire le Capital》도 발행된다. 본 책에서는 알튀세르와 함께 《자본론을 읽는다》 집필에 참여한 학생들 중 피에르 마슈레Pierre Macherey의 연구를 중심으로 논의를 전개할 것이다. 왜냐하면 문학 이론과 비평의 장에서 알튀세르 사상의 논리를 가장 세심하게 따른 사람이 바로 마슈레이기 때문이다.

알튀세르는 1967년부터 공산당 내부의 비판을 수용하고, 또 국제공산당 운동의 발전에 따라 자신의 몇몇 초기 입장을 철회

했다. 그는 초기 작업에서 '이론주의theoreticism'를 통해 맑스 연구가 이론적 담론 내에서 갖는 의미를 강조하려 했는데, 그 이론주의를 버린 것이다. 그 대신에 알튀세르는 계급투쟁을 자기 연구의 선봉에 위치시키고자 했다. 그는 철학을 '이론상의 계급투쟁'으로 규정했다.

알튀세르는 평생 조증에 뒤이어 극심한 우울증이 지속되는 심각한 양극성 장애로 고통을 겪었다. 1976년 그는 지난 30년 가운데 15년을 병원과 정신병원에서 보냈다고 얘기했다. 1963년부터는 정기적으로 정신분석을 받았는데, 그는 이러한 실천의 치료적 가치에 깊은 확신이 있었고 정신분석에 세심한 이론적 관심을 보였다. 그러나 1980년 11월 알튀세르는 최악의 우울증 상태에 빠져, 그와 30년 넘게 함께해 온 동지이자 아내, 사회학자이며 전 레지스탕스 일원인 엘렌 리트만Hélène Rytmann(엘렌 레고티엔Hélène Legotien이라고도 알려져 있는)을 목 졸라 죽였다. 수많은 대중적 논란 속에서 그가 범죄 당시 본인의 행위에 대한 책임을 물을 수 있는 정신 상태가 아니었다는 판단이 내려져 형을 선고받지 않았다. 그는 이후 3년간을 정신병원에서 보냈고, 남은 생의 대부분도 정신병원에서 보냈다. 교수와 작가로서의 공적公的 활동은 끝이 났다.

그러나 알튀세르는 생의 마지막 10년 동안에도 지속적으로 글을 썼고, 그의 철학적 사상 역시 계속 발전해 나갔다. 그는 1988년 멕시코에서 멕시코의 여성 철학자 페르난다 나바로Fernanda Navarro와 함께 일련의 인터뷰집을 출간했다.

1990년 10월 그가 죽은 후 수십 권의 책을 포함한 출간되지 않은 수많은 수고 자료들이 그의 문서고에서 발견되었다. 이 자료들 중 가장 관심을 모은 것이 1985년에 씌어진 심리학적 자서전《미래는 오래 지속된다L'avenir dure longtemps》인데, 이 책은 아내 살해 사건과 관련하여 그가 만약 법정에서 자기 범죄를 진술했다면 이야기했을 증언들을 대신하는 것이었다.

| 알튀세르의 작업 개관 |

알튀세르의 작업은 크게 다섯 시기로 분류할 수 있다.

1. 1946~51 : 초기 작업. 알튀세르는 헤겔주의에서 맑스주의로, 그리고 가톨릭에서 공산당으로의 복잡한 입장 변화를 명확히 설명한다. 이 시기의 주요 작품들은《헤겔의 유령 The Spectre of Hegel》(1997)에 담겨 있다.

2. 1960~66 : 이론상의 맑스주의 혁명. 알튀세르 작업의 전성기이자 치열한 다작의 시기로, 이 시기에 맑스가 발견한 역사과학의 근본적 과제들을 상술했다. 이 시기에 씌어진 알튀세르의 저작들 중 가장 잘 알려진 것은《마르크스를 위하여》(1965)와《자본론을 읽는다》(1971)이다.

3. 1967~75 : 자기비판. 알튀세르는 이 시기에 그의 초기 연구가 강조했던 이론적 측면을 포기한다. 그리고 철학을 '이론

상의 계급투쟁'으로 정의한다. 이 시기의 주요 저서는 〈철학과 과학자들의 자생적 철학〉(1967), 《레닌과 철학Lénine et la philosophie》(1971) 및 《자기비판시론Eléments d'autocritique(Essays in Self-Criticism)》(1976)에 수록된 논고들이다.

4. 1976~78 : 맑스주의의 위기. 알튀세르는 맑스의 작업에 대한 자기비판적 재해석을 요구하면서 공산당 이론과 실천들을 냉소적으로 비판한다. 이 시기의 주요 논고들은 〈프랑스공산당의 22번째 전당대회에 대하여〉(1977), 〈맑스주의의 위기〉(1977), 〈당 내에서 더 이상 지속되어선 안 될 것〉(1978), 〈오늘날의 맑스주의〉(1978) 등이 있다.

5. 1982~88 : 〈우발성 유물론Aleatory Materialism〉. '우발성'이라는 용어는 '변화에 관한 것'을 의미한다. 우발성 유물론은 역사적유물론과 달리 변화 개념을 고려하는 역사철학이다. 단편적인 자료들과 인터뷰에서 알튀세르는, 역사는 맑스주의가 늘 주장해 왔던 그러한 의미에서의 필연적 과정이 아니라 일련의 우연적 발견의 결과라고 주장한다. 이 시기의 주요 텍스트는 1982년에 씌어진 〈만남의 유물론을 주창하는 알려지지 않은 유파〉와 1994년 그의 사후에 프랑스어로 출간된 《철학에 대하여Sur la philosophie》이다. 이 시기의 텍스트들은 아직 영문으로 번역되지 않았지만, 1998년 페르난다 나바로의 논고(Rethinking Marxism, 10호)에 이 텍스트들에 대한 영문 소개가 있다.

이 책의 마지막 장에서 1980년대 이후의 텍스트들을 다루긴 하겠지만 〔주로〕 2, 3, 4기의 연구에 중점을 둘 것이다. 알튀세르는, 자신의 연구가 카를 맑스의 연구에 대한 수많은 오독誤讀 가운데서 유일하게 믿을 만한 해석이라고 끊임없이 천명했다. 그래서 우리는 맑스 사상의 기본적인 개요부터 검토할 것이다.

2장에서는 문학 및 문화비평에 대한 알튀세르 사회 이론의 중요성에 중점을 두고 그의 맑스주의 원리들을 검토할 것이다. 그러면서 그의 업적을 당대의 맥락에 놓고 고려해 볼 것이다.

이 책은 문학 및 문화 연구에서 알튀세르의 작업이 갖는 중요성을 강조할 것이다. 그래서 3장에서는 맑스의 《자본론》에서 알튀세르가 발견한 해석 방식에 대해 토론한다. 알튀세르는 맑스의 작업을 맑스의 저작에 재적용시킴으로써 맑스 작품에 대한 독특한 해석 방식을 창안하려 했다. 그는 이 해석 방식이 정신분석가가 환자의 이야기를 통해 병리 증상을 해석하는 것과 유사하다 하여 이를 '징후론적 해석'이라 명명한다. 우리는 피에르 마슈레가 이 개념을 어떻게 문학비평에 적용했는지를 상세하게 검토할 것이다. 마지막으로 이 개념이 수반하는 새로운 해석 방식을 강조하면서 이론상 계급투쟁으로서의 알튀세르의 후기 철학 개념을 검토한다.

4장에서는 이데올로기에 대한 맑스주의적 이론에 알튀세르가 어떻게 기여했는지를 검토한다. 이 기여야말로 알튀세르의 작업이 문학 및 문화 연구에 미친 가장 영향력 있는 측면이다.

5장에서는 미학 이론에 대한 알튀세르의 논고와 더불어 그의 고유한 문화비평 기술을 살펴본다.

마지막 장에서는 특이한 자서전, 즉 알튀세르가 아내를 살해한 후 집필하고 그의 사후에 출간된《미래는 오래 지속된다》에 대한 설명으로 끝을 맺는다. 이 자서전과 알튀세르가 시도한 작업의 철학적 본체가 맺는 관계에 초점을 맞출 텐데, 이 책은 이 철학적 본체를 반영하기도 하지만 그것과 매우 동떨어져 있기도 하다.

| 문학 연구에서의 알튀세르 |

알튀세르의 작업은 문학 연구에서 '이론적 혁명'이 일어나던 시기인 1970년대 이후로 영국과 미국의 문학 및 문화비평에 큰 영향을 끼쳤고 지금까지도 그러하다. 실로 '문학 이론' 및 '비평 이론'과 같은 학문의 장에서 '이론'이라는 말의 의미가 부분적으로 알튀세르의 사유로부터 유래했다고 해도 과언이 아니다. 1960년대 프랑스에서 새로운 철학이 꽃피고 70년대에 그것이 점차 영어권 대학에 침투하기 시작했을 때, 알튀세르의 작업은 이러한 철학들 중에서도 명백히 가장 급진적이었는데, 그의 작업은 문학비평가들에게 완전히 새로운 종류의 문학비평의 가능성을 열어 주었다.

1930년대 이후로 지배적이던 비평의 정론, 즉 영국의 레비스 F. R. Levis와 엘리엇 T. S. Eliot과 같은 엘리트적 감수성, 그리고 텍스트에 엄격히 기반한 미국의 신비평은 문학 분석과 정치를 분리하였다. 영국과 미국에도 맑스주의 비평의 전통이 있긴 했지만 그들의 전통에는 지적 엄격함이 결여되어 있었으며, 그들도 그것을 알고 있었다. 알튀세르는 영국과 미국의 문학비평계에 혁명적인 사회 이론을 제시했는데, 문학은 그 혁명적 사회 이론의 견지에서 이해될 수 있고 이해되어야만 하며, 알튀세르는 그렇게 할 수 있고 그렇게 해야 하는 중요한 정치적 이유까지 제공했다. 문학비평은 처음으로 과학적으로 진실되고 또 정치적으로 급진적이 된 것처럼 보였다.

1970년대 문학 연구의 혁명적 열광 이후로 정치 이론과 비평은 다양화되었고 더욱 복잡해졌다. 그래도 신역사주의와 문화유물론, 게이 이론과 퀴어 이론, 인종에 경도된 후기식민 비평, 페미니스트 비평, 문화 연구, 후기맑스주의처럼 정치적으로 뚜렷한 의식을 지닌 당대의 이론과 비평 형식의 중요성을 알고자 한다면 알튀세르의 작품을 읽고 이해하는 것이 불가결하다. 앞서 열거한 이 모든 이론들이 다양한 방식으로 알튀세르에게 빚지고 있기 때문이다.

제 1 장

근본 토대

: 맑스와 문화 이론

Louis Althusser

"그는 맑스주의자입니다"

알튀세르는 맑스주의 철학자이다. 그의 주요 저서 전반에 걸쳐 있는 지배적 의도는 맑스의 사유와 실천이, 노동계급의 투쟁에서 그것이 의미하는 바를 모두 포함해, 제대로 이해되어야 하고 또 제대로 적용되어야 한다는 것이다.

1980년 '알튀세르주의Althusserian' 이론에 대한 질문을 받은 알튀세르의 옛 제자이자 공저자인 에티엔 발리바르Étienne Balibar는, 엄밀히 말해 알튀세르주의 이론이라는 것은 없다고 말했다. 발리바르는 질의자에게 이렇게 답한다. "알튀세르는 '알튀세르주의자'가 아닙니다. 그는 맑스주의자입니다."(Balibar and Macherey 1982:46)

발리바르가 옳았다. 비록 맑스주의를 향한 알튀세르의 여정은 그의 이력상 매우 이른 시기의 작업에서 이루어졌고, 그의 사상이 가장 영향력 있었던 시기(1960~80)인 말기의 작업에서는 맑스주의의 준거틀frame of reference 바깥에서 사유하기 시작했지만, 그럼에도 그는 맑스주의 철학자였다.

알튀세르는 카를 맑스의 작업에서 일어난 엄청난 이론적 혁명이 모호해졌거나 애초부터 결코 제대로 이해되지 못했다고 주장했고, 그 이론적 혁명을 이해하는 데에 자신의 연구를 바쳤다. 그러므로 알튀세르의 작업, 즉 그가 맑스 해석이라고 일관되게 주장한 작업을 이해하려면 맑스 사유의 기본적인 요소들을 먼저 이해해야 한다.

1장에서는 이 요소들을 대략적으로 소묘해 보고자 한다. 인류 역사와 사회 내에서 인간 담론(소설에서 신문에 이르는 언어의 확장된 활용)이 차지하는 위치를 다룬 맑스의 이론을 논의할 것이다. 그리고 마지막으로 맑스의 초기 작업에 등장하는 휴머니즘 문제를 다룰 것이다. 알튀세르의 개입이 시작되는 지점이 바로 이 맑스의 휴머니즘 문제이다.

| 역사에 대한 유물론적 이해 |

《독일 이데올로기Die deutsche Ideologie》(1845)에서 카를 맑스, 그리고 맑스의 40년지기이자 지적 동료였던 프리드리히 엥겔스(1820~1895)는 새로운 세계관의 기초를 마련한다. 그들은 이를 '역사에 대한 유물론적 이해'라고 불렀다. 애초에 《독일 이데올로기》는 급진적 철학자들과 신학자들로 이루어진 청년헤겔학파를 비판할 의도로 씌어졌는데, 그전까지는 맑스와 엥겔스 역시 여전히 그들을 지지하고 있었다. 훗날 맑스가 기록한 바, 이 책은 "그때까지 자신들을 사로잡았던 철학적 의식과의 관계를 청산"하는 데에 그 목표가 있었다.(SW:390)

청년헤겔학파는 종교에 대한 체제 전복적 비판으로 잘 알려진 유물론적 철학자들이었고, 그중 가장 영향력 있는 인물이 루트비히 포이어바흐Ludwig Feuerbach(1804~1872)와 브루노 바우어Bruno Bauer(1809~1882)였다. 맑스와 엥겔스는, 청년헤겔학파의 발상이 급진적인 것처럼 보이지만 인간의 삶이 **관념**에 좌우된다고 생각한다는 점에서 그렇게 급진적이지 않다고 주장한다. 종교에 대한 청년헤겔학파의 비판을 예로 들어 보자.

청년헤겔학파의 비판은 다음과 같은 전제에 기초했는데, 말하자면 세계에 대한 종교적 왜곡이 일단 한번 무너지고 나면 사람들이 삶에 대한 올바른 이해를 토대로 삶을 꾸려 나가리라는 것이다. 맑스와 엥겔스는, 하지만 아무리 청년헤겔학파가 관념 체계를 비판한다고 해도 그것이 또 다른 관념 체계로 대체될 뿐이라면 그들이 해방시킨다고 몽상하는 인간의 실제적 삶에 어떠한 변화도 만들어 낼 수 없다고 비판한다.

사실 맑스와 엥겔스는 포이어바흐 등의 과거 동료들이 '가장 완고한 보수주의자들'(GI:30)이라고 적어 넣는다. 인민이 해방을 필요로 하는 지점은 관념이 아니라 **생활의 물질적 조건**이기 때문이다. 맑스는 청년헤겔학파를 '늑대의 탈을 쓴 양'이라고 부르면서, 물에 빠져 죽은 사람들이 그들의 머릿속에 든 중력 관념 때문에 죽었노라고 말하는 사람들에 그들을 빗댄다. 물에 빠진 사람에게 필요한 것은 당연히 중력에 대한 다른 관념이 아니라 구명부표이다.

청년헤겔학파가 사람들의 관념을 바꿈으로써 그들의 삶도 바꿀 수 있다고 믿었다면, 맑스와 엥겔스는 정반대의 전제에서 출발한다. 그것은 바로 사람들의 관념까지를 포함하는, 생활의 모든 측면을 결정하는 물질적 조건들이다.

> 우리가 출발점으로 삼는 여러 전제들은 결코 멋대로 정한 독단적인 것이 아니라, 바로 현실에 실재하는 전제들이며, 이 전제들로부터 추상이 만들어진다는 것은 단지 상상 속에서나 가능할 것이다. 이들 전제는 현실에 실재하는 여러 개인, 그 개인들의 활동, 그리고 그들에게 이미 주어진 것이면서 동시에 그들 자신의 활동으로 생산되는 그들 생활의 물질적 조건들이다.(GI : 31)

맑스와 엥겔스에게 인류 역사의 첫 번째 전제는 인간들 각 개인 삶의 실존이다. 이 개인들에 대해 이해해야 할 첫 번째 사실은, 바로 그들이 다른 사람들과의 관계 내에서 그리고 그들이 속해 있는 자연 세계와의 관계 내에서 그들 스스로를 구성한다는 사실이다. 그들은 날것 그대로의 자연 재료들을 가지고 자신들의 생계 수단을 **생산**하기 시작하면서부터 다른 동물로부터 자신들을 구별한다. 맑스와 엥겔스에 따르면, 사람들은 이런 식으로 자신들의 생계 수단을 생산하기 시작하면서부터 '그들의 물질적 삶을 간접적으로 생산한다'. 사람들이 물질적 삶을 생산하는 방식은 그들이 스스로를 조직한 형식으로, 이러한 사회적 조직과 자연환경이 맺는 관계로 조건화된다.

> 그러므로 그들〔개인〕이 어떻게 존재하는가는 그들의 생산, 즉, **'무엇'**을 생산하는가 그리고 **'어떻게'** 생산하는가와 일치한다. 이렇듯 사람들이 어떠한 존재인가는 그들이 수행하는 생산의 물질적 조건들에 따라 좌우된다.ʺ(GI : 31-32)

맑스와 엥겔스가 말하는 바는 다음과 같다. 그리고 이는 맑스주의적 세계관의 첫 번째 전제를 구성하는데, 알튀세르는 이를 정확하게 설명하려 한다. 요컨대 인간의 삶에서 가장 중요하고 근본적인 실상은 인간의 관념들이 절대 아니라는 것이다. 그것이 신에 대한 것이든, 인간에 대한 것이든, 선에 대한 것이든, 혹은 다른 그 어떤 것에 대한 것이든지 간에 말이다. 인간의 삶에서 가장 중요하고 근본적인 실상은 오히려 생산력과 생산관계이다. 인간은 자신의 물질적 삶을 유지하고 발전시키고자 이것들과 관계를 맺는다. 여기서 '생산력'이라 함은 생산의 재료와 도구이다. 그리고 생산'관계'라 함은 이 재료와 도구들로 자기 삶을 생산하기 위해 사회 구성원들이 조직되는 방식이다.

생산력과 생산관계에 대한 유물론적 개념은 관념론적 사유, 다시 말해 인간 삶을 지배하는 근본적 실제가 관념이나 영혼 혹은 감지 불가능한 실제, 이를테면 영혼이나 정신, 마음 혹은 인격이라고 믿는 모든 형식을 추방하고자 한다. 유물론자들은 이것이, 각각의 모든 인간 존재들에게는 어떤 선천적 특성이 있다고 주장하려는, 이를테면 존엄성, 권리, 자유, 인간성, 책임 등이 있다고 주장하려는 교활하며 착취적인 미신이라 여긴다. 그들은 **인간의 본성**이라는 것은 없다고, 다시 말해 전혀 다른 물질적 환경에서 살아왔더라도 여전히 똑같이 유지될 수 있는, 내가 인간이기 때문에 가지고 있는 특성(인격, 인간성, 도덕, 취향 등) 따위는 없다고 주장한다.

만일 내가 과테말라에서 커피를 수확하는 사람이거나 이란의 가정주부라면, 영국인 문학자로서의 나와는 완전히 다른 인간 존재가 되었을 것이다. 이것은 '본성'보다 '교육'을 특권화하는 그런 문제가 아니다. 유전학도 역시 유물론적 학문이다. 오히려 이것은 어떤 사람의 삶이 처해 있는 물질적 조건이 단지 그 삶의 환경이나 맥락에 불과한 것이 아니라 그 이상으로 모든 방면에서 그의 삶을 결정한다는 주장이다. 예를 들어 만일 내가 유전적으로 총명하게 코드화되어 있지만 여섯 살 때부터 하루 열두 시간씩 공장에서 노동해야 한다면, 나는 다른 계급이나 다른 사회의 구성원들이 하는 방식으로 나의 총명함을 발전시키지 못할 것이다.

〈매너하우스〉(The Edwardian Country House, 2002, Channel 4, UK)와 같은 역사 기반의 리얼리티 티브이 쇼는 이러한 생산력과 생산관계를 잘 보여 준다. 20세기 초 전원에 세워진 귀족의 대저택에 산다는 것은 21세기 초 교외 중산층에 속하는 사람으로서는 상상할 수 없을 만큼 다른 삶을 사는 것이다. 대저택 안에서도 위층에서 지주귀족으로 사는 것과 아래층에서 하인으로 사는 것은 모든 면에서 다를 수밖에 없다. 같은 동시대의 사람이라 할지라도 말이다. 모든 면에서 사람들의 삶을 결정하는 것은 그 체제 내에서 그 사람이 갖는 위상이다. 그리고 이 체제를 통해 사회는 그 구성원들의 삶의 물질적 조건을 만들어 내는 것이지 인간성이나 인격 같은 선천적 특질을 만들어 내는 것이 아니다. 에드워드 7세 시대(20세기 초—옮긴이)의 귀족과 그 하인들이 공통의 인간성을, 즉 두 그룹 모두 이 인간성에 고유한 자유와 존엄성 그리고 권리를 공유한다고 말하는 것은 명백한 오류라고 유물론자들은 주장한다. 특히 하인들의 삶이 그 주인의 삶과 모든 면에서 달랐으리라는 것은 분명하다.

　맑스는 역사에 대한 이 유물론적 이해를 《정치경제학 비판요강Grundrisse der Kritik der politischen Ökonomie》(1859) 서문의 다음과 같은 유명한 구절로 간단명료하게 요약한다.

> 자기 삶의 사회적 생산 속에서 사람들은 확고한 관계들 속으로 들어가게 되는데, 그 관계는 필수적인 관계이고 그 자신들의 의지와는 무관한 관계이며 그들의 물질적 생산력 개발의 확고한 단계에 상응하는 생산관계이다. 이러한 생산관계의 총합은 사회의 경제적 구조와 실질적 토대를 구성하며, 이 위에서 법률적이고 정치적인 상부구조가 생겨나고 사회적 의식의 확고한 형식들이 이 토대에 부합하게 된다. 물질적 삶의 생산양식이 일반적으로 사회적·정치적·지적 삶의 절차를 조건짓는다. 인간의 의식이 인간의 존재를 결정하는 것이

아니라 오히려 인간의 사회적 존재가 인간의 의식을 결정하는 것이다.(SW : 389)

이어서 맑스는 역사에 대한 유물론적 이해의 두 번째 근본 원리를 설명한다. 요컨대 주어진 사회에서 생산력과 생산관계의 총합이 그 사회의 '토대' 혹은 '하부구조', 즉 그 사회의 일차적이고 근본적인 실제를 구성한다는 것이다. 이 경제적 토대로부터 '상부구조'가 발전하는데 이 상부구조는 이 사회 내에서의 삶이 갖는 모든 각각의 양상들로 구성되어 있다.

첫째로 상부구조는 헌법, 통치 형식, 입법 체계, 사법제도, 국방 체계 등과 같은 정치적이고 법률적인 제도들로 구성되어 있는데, 이 제도들에 따라 사회가 구조화된다. 둘째로 상부구조는 모든 종류의 의식으로 구성되어 있다. 즉 법률 이론과 정치 이론들, 철학, 종교, 예술, 문학, 그리고 모든 종류의 문화적 산물을 통해 사회 구성원들은 자기 자신을 이해하고 그것을 타자에게 표현하는 것이다. 이 모든 종류의 의식은 맑스와 엥겔스가 '이데올로기ideology'라고 부르는 것으로 구성되어 있다.

맑스는 사회의 경제적 토대를 상부구조의 모든 요소의 형식을 결정하는 실제들의 집합으로 간주한다. 그에 따르면 정치조직이나 법률제도 혹은 그 어떤 종류의 의식도, 이를테면 철학과 종교 혹은 문학도 그 자체로 존재하거나 발전하지 않는다. 오히려 철학 등은 그것들이 발생하는 그 사회의 경제적 토대, 즉 생산력과 생산관계에 의해 결정되고 좌우되는 것이다. 나이

키 옷을 입느냐 아니면 그것을 만드느냐, 스타벅스 커피를 마시느냐 아니면 커피콩을 따느냐에 따라서 우리는 다른 인생을 살 뿐만 아니라 다르게 생각하고 다르게 행동하게 된다. 문학비평의 관점에서 보자면 글 또한 다르게 쓰게 된다.

| 이데올로기 |

이러한 관점에 따르자면 분명 한 사회의 문학적이고 문화적인 산물은 그 사회의 이데올로기 양상들, 다시 말해서 여러 형태의 의식의 양상들이다. 이러한 여러 형태의 의식 내에서 사회 구성원들은 그들의 삶을, 그 사회의 생산관계들이 결정한 방식으로 서로에게 표현한다. 이것이 문학 연구와 문화 연구에서 중요하게 여겨지는 맑스주의의 주된 주장이다.

역사에 대한 유물론적 개념에 따르면, 문학작품과 문화적 산물의 의미는 그것을 생산한 사회의 경제적 토대와 결부시켜 발견해야만 한다. 맑스와 엥겔스는 《독일 이데올로기》에서 이를 명확히 했다. 그들은 한 사회의 지적이고 문화적인 산물에 대한 체계적인 이해는, 그 산물이 해당 사회의 경제적 토대가 되는 '생산방식' 혹은 생산력 및 생산관계의 총합이라는 이해에 기초해야 한다고 쓴다.

오히려 우리는 현실의 활동하는 인간으로부터, 그리고 인간의 현실적 생활 과정이라는 토대 위에서 출발하여, 그 생활 과정의 이데올로기적 반영과 반사들을 설명한다. 인간의 두뇌 속에서 만들어지는 환상들 역시 항상 생활 과정 즉, 경험적으로 확인 가능하고, 물질적 조건들에 연결되어 있는 인간의 생활 과정의 필연적인 승화물이다. 이리하여 도덕, 종교, 형이상학과 그 밖의 이데올로기 그리고 그것들에 대응하는 여러 가지 의식 형태들은 더 이상 자립적인 모습을 가질 수가 없다. 이런 것들에는 아무런 역사도 없고 아무런 발전도 없다. 오히려 자신들의 물질적 생산과 물질적 교류를 발전시키는 인간만이 자신들의 현실과 함께 자신들의 사고와 그 생산물들을 변화시킨다.(GI : 36-37)

맑스와 엥겔스에 따르면, 사람들은 점점 더 발전된 방식으로 그들의 생계수단뿐만 아니라 그들의 생각과 이미지 그리고 담론들도 생산한다. 이 문화적 생산물들은 모두 그것이 발생하는 사회로부터 생겨나는 생계 수단의 더욱 근본적인 생산방식에 의해 결정된다.

맑스주의 비평가 프레드릭 제임슨Fredric Jameson은 저서 《포스트모더니즘, 혹은 후기자본주의의 문화적 논리Postmodernism, or the Cultural Logic of Late Capitalism》(1991)에서 유물론적 이데올로기 개념을 적용한다. 책 제목이 암시하듯이, 제임슨은 우리가 '포스트모던'이라고 부르는 모든 미학적·문화적 산물들(가장 잘 알려진 몇몇 장르만 언급하자면 토머스 핀천의 소설, 필립 글래스의 음악, 빌 비올라의 비디오 아트, 앤디 워홀의 스크린 프린트 등)의 주된 특징은 궁극적으로 포스트모던 시기(대략 1950년대부터 현재까지)를 구성하는 일련의 생산력 및 생산관계로부터 비롯된다고 주장한다.

제임슨은 포스트모던 건축의 한 예로 로스앤젤레스에 위치한 존 포트맨스의 웨스틴 보나벤처 호텔을 분석하면서, 이 건물로 들어가고 이 건물을 관통하고 이 건물 주위를 도는 경험은 무엇보다도 이 건물을 구성하는 복잡 다양한 주변 환경 내에서의 당혹스러운 방향성 상실의 경험이라고 주장한다. 그는 이 환경을 '하이퍼스페이스hyperspace'라고 부른다. 왜냐하면 이 환경은 우리의 일상적인 공간지각을 파괴해 버리기 때문이다.

개인이 이해하기에는 너무나 복잡한 환경 안에서 경험하는 이러한 당혹스러운 방향성 상실은 포스트모던 문화, 이를테면 핀천의 소설《중력의 무지개Gravity's Rainbow》(1973)와 윌리엄 깁슨의 사이버펑크 사이언스픽션《뉴로맨서Neuromancer》(1984)에 등장하는 음모론 내러티브, 그리고 마이클 허의《디스패치스dispatches》(1977) 속 베트남전쟁 내러티브의 전형적인 주제이다.

확실히 TV 수상기, TV 카메라, TV 방송 네트워크, 컴퓨터, 인터넷 등의 포스트모던 미디어 자체는, 그 미디어가 매개하는 문화적 산물을 일상적으로 소비하는 사람들이 이해하기에는 너무나 복잡한 관계망을 내포하고 있다. 개인으로서는 이해할 수도 통제할 수도 없는 이 불가해하게 복잡한 관계망이라는 포스트모던적 주제는 21세기로 접어드는 세계 자본주의를 구성하는 경제적 관계들의 복잡한 전 지구적 관계망의 문화적 표현이라고 제임슨은 주장한다.

방대한 통신 및 컴퓨터망에 대한 우리의 그릇된 표상 그 자체는 더 심층적인 어떤 것, 즉 오늘날의 다국적 자본주의의 전 지구적 체계에 대한 왜곡된 형상이다.(Jameson, 1991:37)

제임스의 관점에서 포스트모더니즘은 바로 맑스와 엥겔스가 이데올로기로서 묘사한 바와 다르지 않다. 즉, 미학적 산물의 주된 특징은 우리가 살고 있는 전 지구적·다국적·기술적 자본주의경제의 생산력과 생산관계에서 비롯된다는 것이다. 이것이 제임스가 포스트모더니즘을 '후기자본주의의 문화적 논리'라고 기술하면서 의미하고자 하는 바이다.

사회 내에서의 생산관계가, 사회가 보유한 생계 수단과 물적 자원을 사회 구성원 전체에게 공정하게 배분하는 방식으로 조정된 적은 이제까지 한 번도 없었다. 생산관계는 언제나 **지배** 관계와 착취 관계로 존속되어 왔다. 맑스와 엥겔스가 《공산당선언Manifest der Kommunistischen Partei》(1848)에서 주장했듯이 '지금까지 존재해 온 모든 사회의 역사는 계급투쟁의 역사이다'.(CM:219) 이는 그 이데올로기가 언제나 생산관계뿐만 아니라 계급의 지배 관계로 결정되었음을 의미한다. 한 계급이 다른 계급을 착취하는 데 기반한 생산양식을 갖고 있는 한, 사회가 생산한 일련의 관념과 이미지, 담론, 요컨대 한 사회의 이데올로기는 그 사회의 물적 자원과 마찬가지로 지배계급에 의해 통제되며 그들의 입맛에 맞게 작동하게 된다. 맑스와 엥겔스는 다음과 같이 쓴다.

어느 시대에나 지배적 사상은 곧 지배계급의 사상이다. 즉, 사회의 **물질적인** 힘을 지배하는 계급은 동시에 사회의 **정신적인** 힘도 지배한다. 물질적 생산수단을 지배하고 있는 계급이 결국 정신적 생산수단도 관리하며, 그리하여 정신적인 생산수단을 가지지 못한 사람들의 사상은 대체적으로 그 지배 사상에 종속된다. 지배적인 사상이란 지배적인 물질적 관계들의 관념적 표현, 사상으로서 파악된 지배적인 물질적 관계 그 자체일 뿐이며, 따라서 어느 한 계급을 지배계급으로 만들어 주는 관계들의 표현이고, 따라서 그 계급〔지배계급〕의 지배 사상 이외의 그 무엇도 아니다.(GI : 59)

그러므로 맑스와 엥겔스의 관점에서 이데올로기는 그것의 한 부분이기도 한 문학적이고 문화적인 산물을 포함하여, 한 계급에 의한 다른 계급의 착취에 기반한 사회에서(사실 지금까지도 모든 사회가 그러하듯) 지배계급의 입장을 정당화하고 유지하는 역할을 하는 일련의 담론들이다. 즉, 이데올로기는 **계급적 이해관계의** 담론이다.

맑스와 엥겔스는 이데올로기적 개념의 예로써 오늘날 공적 담론에서 여전히 공명하고 있는 '자유'를 예로 든다. 19세기 중반의 영국에서는 개인적 자유라는 개념에 높은 가치를 부여했다. 그러나 맑스와 엥겔스는 여기에 다음과 같은 반론을 제기한다. 즉, 19세기 중반 영국의 산업자본주의 하에서 개인적 자유라는 것은 사실 산업자본가들 중에서도 가장 힘 있는 계급의 소유물일 뿐이었다는 것이다. 이 계급을 위해 일하는 대다수의 노동자들에게는 낮은 임금과 장시간 노동을 받아들일 것인지 아니면 굶을 것인지를 선택할 '자유'만 있었다. 부르주아지(자본가계급)들이 귀히 여기는 이 개인적 자유는 그것의 이데올로기적 담론(신문 기사부터 철학적 작업에 이르기까지) 내에서 선천적이고 보편적인 인권으로 표상되지만, 사실 그것은 규제 없이 사고팔 수 있게 해 주는 특수한 자유였으며, 부르주아지의 경제적 지배는 바로 이 특수한 자유에 의존하고 있는 것이다. 그들이 만들어 낸 자유 이데올로기가 수행하는 역할은 바로 그들의 지배수단을 정당화하고 유지하는 데 있었다. 공산주의가 개인적 자유를 소거시킨다고 주장하는 중산층에 응수하면서 맑스와 엥겔스가 《공산당선언》에서 의미하려 한 바가 바로 이것이다.

> 오늘날의 부르주아적 생산관계에서 사람들은 자유를 자유로운 상업, 자유로운 판매와 구매로 이해한다. …… 당신들의 이념 자체는 부르주아적 생산관계와 소유관계의 산물이다.(CM : 237-38.)

프레드릭 제임슨은 포스트모더니즘 이데올로기의 이러한 양상을 강조한다. 포스트모던 문학작품과 문화적 산물에서 강조되는 현대 세계의 이해 불가능성은 그것이 경제적 지배계급의 이해관계에 이용된다는 의미에서 이데올로기적 주제라는 것이다. 만일 사회의 작동 방식이 계속해서 이해 불가능할 정도로 복잡하게 유지된다면, 그 사회를 구성하는 대다수의 사회적 약자들은 그것을 바꿀 만한 현실적 방안을 만들어 내지 못할 것이다. 방향성 상실은 이 체제가 계속해서 사람들을 착취하기에 바람직한 상황이기 때문이다. 이 체제 내에서 방향성의 회복은 이 착취를 끝장내는 데 필요한 선결조건인 것이다.

'시뮬라크르simulacrum', 즉 그 어떤 선행적 실제의 이미지도 아닌 이미지의 포스트모던적 주제도 비슷한 방식으로 작동한다. 포스트모던 예술과 문화에서 실제의 이미지는 실제 그 자체보다 더 실제적이게 된다고 제임슨은 주장한다. 앤디 워홀의 상품화된 이미지들, 리얼리티 쇼, 디즈니랜드와 같은 방대한 환상의 세계들, 혹은 파리나 베니스를 훨씬 '능가하는' 저 라스베이거스의 호텔들은 모두 이 시뮬라크르 문화의 예들이다. 만약 포스트모던 소비자들의 눈이, 실제를 대체하는 기능(예술의 기능은 '자연에 거울을 들이대는 것'이라고 셰익스피어가 말했을 때 그가 믿었던 바처럼 실제를 반영하는 것이 아니라)을 발전시킨 방대하고 현란한 실제의 외적 이미지에 계속해서 사로잡혀 있다면, 실제의 불가사의한 본질이 무엇이든지 간에 소비자들은 그것을 알 수도 없고 변화시킬 수도 없을 것이다.

포스트모더니즘은, 그것이 우리가 세계를 더 나은 어떤 것으로 변화시키려는 것을 막는다는 점에서, 즉 라스베이거스나 성형외과 의사의 책상 혹은 〈제리 스프링거 쇼〉에서는 일어날 수 없는 변화를 막는다는 점에서 이데올로기인 것이다.

| 부르주아지 그리고 프롤레타리아트 |

역사에 대한 맑스의 유물론적 이해의 기본 윤곽을 이해하려면 그것의 또 다른 측면을 검토해 보아야 한다. 한 사회 내에서 생산력이 발전함에 따라, 즉 새로운 생산수단이 발명되고 새로운 재료가 발견되며 새로운 생산물이 더 정교한 다른 생산물의 재료가 되고 또 분배 및 교환의 수단이 됨에 따라 생산력은 기존의 생산관계를 더 이상 지탱할 수 없는 지경에 이르게 된다. 일련의 위기 이후에 이 경제적 모순은 사회혁명으로 표현되는 지점에 다다르고, 모든 생산양식은 모든 정치적 · 문화적 실천의 변화까지 수반하며 변화하게 된다.

맑스와 엥겔스는 서구의 역사가 이러한 종류의 경제적 위기와 사회혁명의 발전사라고 주장한다. 《공산당선언》에서 맑스와 엥겔스는 현대 자본주의사회에 도래할 혁명을 기술한다. 그들의 주장에 따르면, 생산과 분배의 수단을 소유한 중산층이자 산업자본주의적 생산양식 하에서 경제적으로 지배계급인 부르주아지가 득세한 지 (1848년 현재) 100년 남짓 되었다. 그 시간 동안 그들은 "지나간 모든 세대가 창조한 것을 다 합한 것보다도 더 많고 더 거대한 생산력을 창조했다."(CM : 225)

부단히 규모를 확장해 가는 생산 기계의 발명, 산업과 농업 및 공학에서의 과학적 진보, 증기선과 운하, 철도 그리고 전신의 발전, 전 세계 광대한 지역의 정복과 경작, 여기에 일자리를 찾아 도시에 모인 인구의 군집, 이에 따른 정치적 중앙집권화.

이 모든 생산력이 부르주아지들에 의해, 그들의 경제적 지배를 발전·유지시킬 목적으로 탄생되었다. 맑스와 엥겔스에 따르면, 부르주아지는 무엇보다도 전 세계 공업도시들에 모여든 엄청난 대중 속에서, 즉 자기 노동에 대한 대가(임금) 외에는 아무것도 가지지 못한 산업노동자 집단인 프롤레타리아트 속에서 탄생되었다.

프롤레타리아트는 노동자로서의 삶을 유지하는 데 필요한 양식과 주거만을 소유할 뿐 정작 자신이 생산하는 상품은 소유하지 못한다. 이익을 추구하는 개인 자본가들 간의 경쟁, 그리고 노동을 하려는 개인 노동자들 간의 경쟁은 프롤레타리아트의

부르주아지와 프롤레타리아트Bourgeoisie and Proletariat

엥겔스는 《공산당선언》의 각주에서 이 용어들을 정의하는데, "부르주아지는 근대 자본가들, 사회적 생산수단의 소유자들, 그리고 임금노동자의 고용주로 이루어진 계급을 의미한다. 프롤레타리아트는 독자적인 생산수단을 갖지 못하고, 살기 위해 그들의 노동력을 팔 수밖에 없는 근대의 임금노동자들을 의미한다."(《공산당선언》, 8쪽) 부르주아지는 사회의 물적 자원의 생산수단을 소유한 자들이다. 프롤레타리아트는 그 어떤 자원도 갖지 않고 오로지 부르주아지에게 임금을 받는 산업노동자이다. 《자본론》에서 맑스는 근대사회가 크게 세 계급, 즉 부르주아지-프롤레타리아트-지주들로 구성되어 있다고 쓴다. 그러면서 자본주의를, 근본적으로 사회를 경제적으로 서로 대립하는 **두** 계급, 즉 부르주아지와 프롤레타리아트로 점차 분할시키는 생산양식이라 보았다. 맑스의 주장에 따르면, 이 대립은 결국 위기의 지점에 이르게 되어 절대다수를 차지하고 있는 프롤레타리아트가 그들 자신을 위해, 그리고 그럼으로써 사회 전체를 위해 생산수단을 장악하게 된다는 것이다.

임금을 그들이 계급으로서 지속될 수 있는 최소 수준으로 끌어내리고 거꾸로 노동시간은 최대 수준으로 끌어올렸다. 뿐만 아니라 점증하는 노동분업의 결과로 프롤레타리아트의 노동은 개인적 특성과 기쁨을 모두 잃게 된다. 맑스와 엥겔스가 쓰듯이 "프롤레타리아는 기계 부품이 되어 가장 단순하고 단조롭고 가장 쉽게 배울 수 있는 손동작만 하게 된다."(CM : 227)

그러므로 산업자본주의 하에서는 사회 대다수 사람들의 삶이 비인간적인 수준으로 떨어질 뿐만 아니라, 심지어 이러한 생활조차 과잉생산의 끊임없는 위기와 시장 변동으로 인한 실업 때문에 확실히 보장되지 않는다. 부르주아지는 "자신들의 노예에게 노예 상태에서의 생존조차 보장해 주지 못하기 때문"(CM : 233)이다. 맑스와 엥겔스의 주장에 따르면, 부르주아지가 만들어 낸 점증하는 생산력과 그들이 의존하는 프롤레타리아트의 점증하는 빈곤이 결합되면서, 그 결과 프롤레타리아트는 더 이상 부르주아지의 노예가 되거나 그들을 위해 죽기를 거부하고, 역사의 과정을 이해하는 공산주의 지식인의 도움으로 그들 자신을 위한 생산수단을 탈취하게 될 수밖에 없다는 것이다.

> 부르주아지가 마지못해 촉진하는 산업의 진보는 경쟁에 의한 노동자의 고립 대신 연합을 통한 노동자의 혁명적 단결을 가져온다. 그러므로 대공업의 발전은 부르주아지가 생산물을 생산하고 전유하는 기초 그 자체를 그들의 발밑에서부터 무너뜨린다. 따라서 부르주아지는 무엇보다도 그들 자신의 무덤을 파는 사람들을 만들어 낸다. 부르주아

지의 몰락과 프롤레타리아트의 승리는 똑같이 불가피하다.(CM:233)

| 맑스의 초기 휴머니즘 |

2장에서 보게 되겠지만, 알튀세르의 맑스 해석은 전후 프랑스 철학계에 대두된 휴머니즘적 맑스 해석에 반대하여 전개된다. 가장 잘 알려진 예만 들어보자면, 가톨릭 철학자인 장 이브 칼베Jean-Yves Calvez와 피에르 비고Pierre Bigo, 인격주의 철학자 에마뉘엘 무니에Emmanuel Mounier와 알튀세르의 옛 스승인 장 라크루아 Jean Lacroix, 실존주의자 장 폴 사르트르Jean Paul Sartre, 현상학자 모리스 메를로 퐁티Maurice Merleau-Ponty 등은 그들의 철학이 그러한 것처럼 맑스의 작업 역시 인간 삶의 질과 관련된다는 토대에 입각하여 자신들의 철학에 맑스주의를 포함시켰다. 이 철학자들에 따르면, 맑스주의는 사람들을 자본주의의 비인간적 상태로부터 해방시키는 사유 체계이자 그들이 진정으로 인간의 삶을 살 수 있는 사회를 가져다줄 사유 체계이다. 앞으로 보게 되겠지만 알튀세르는 이를 부정한다.

알튀세르의 주장에 따르면 이러한 종류의 휴머니즘은 선량한 지식인들을 그들이 비판의 목표로 삼는 바로 그 자본주의와 같은 것에 협력하게끔 속이는 자본주의 이데올로기의 간교한 계략이며, 이는 맑스주의와는 하등의 관계도 없다는 것이다. 이는 논란의 여지가 많은 관점이었고, 앞으로도 그럴 것이다. 알튀세르가 이렇게 주장하기 위해 처음으로 해야 했던 일은 부정할 수 없는 사실과 대면하는 것이었는데, 그것은 바로 맑스가 초기 저작에서는 아주 명백히 휴머니스트였다는 사실이다.

맑스는 1845년에 《포이어바흐에 대한 테제들Thesen über Feuerbach》과 《독일 이데올로기》를 통해 유물론적 역사 개념이라는 체계에 도달하게 된다. 1932년까지 출판되지 못했다가 '경제학—철학 수고Ökonomisch-philosophische Manuskripte aus dem Jahre'로 알려지게 된 1844년의 수고에서 자본주의에 대한 맑스의 공산주의적 비판은 아직은 사적유물론史的唯物論의 언어가 아닌 휴머니즘의 언어로 표현되었다. 전후 프랑스에서 이 원고들에 대한 관심이 고조되어 맑스에 대한 휴머니즘적 해석이 난무했는데, 알튀세르는 이에 반대하였다.

맑스의 사유를 수용한 철학자들은 맑스의 초기 저작에서 분명하게 드러나는 그러한 종류의 휴머니즘이 그의 전 작품에 걸쳐 암묵적 토대를 이루고 있다고 주장했다. 이러한 관점에 대한 알튀세르의 비판은 다음 장에서 살펴볼 것이다. 이 비판을 이해하기 위해 우선 《경제학—철학 수고》에 나타나는 맑스의 초기 휴머니즘을 일별해 보자.

맑스가 《경제학—철학 수고》에서 경제와 관련하여 이야기하는 자본주의 생산의 근본적인 사실은 '소외된 노동'이다. 맑스가 소외된 노동을 통해 말하고자 하는 바는, 첫째로 산업노동자는 그 자신이 소유하지 못하는 대상을 생산하며, 그 대가로 너무나 적은 임금을 받기 때문에 자신을 위해서는 그렇게 생산된 대상을 거의 살 수 없다는 것이다. 오늘날에도 아시아 현지에서 어린이 장난감을 대량생산하는 노동자들이 정작 자기 자녀에게 는 그 장난감을 사 주지 못하는 것과 같은 이치다. 그런데 판매 를 목적으로 하는 상품생산은 산업자본가들이 갖는 힘의 경제 적 토대가 되기 때문에 노동자들이 상품을 더 많이 생산하면 할수록 그 위에 있는 자본가의 힘에 더 많은 기여를 하게 된다. 아시아의 노동자가 전 지구적 자본주의경제에 기여하면 할수 록, 그는 자신에게 불리한 바로 그 경제에 더욱 기여하게 되는 것이다.

이것이 바로 맑스가 노동자 노동의 산물이 "생경한" 대상으로 서, 즉 자신이 생산했음에도 불구하고 마치 자신과는 무관한 힘으로서 자신을 물끄러미 바라다보고 있는 듯한 그러한 대상

휴머니즘Humanism
맑스 휴머니즘의 특징은 고전적 학문과 르네상스 휴머니즘 특유의 웅변에 있 지 않다. 그것은 오히려 18세기 계몽주의 시기에 프랑스와 독일에서 발전한 휴머니즘, 즉 사람들은 원칙적으로 자신의 삶을 스스로 통치해야 하고 실제 로 그렇게 하고 있다는 신념과 비슷하다. 알튀세르는 휴머니즘을 "자기 세계 의 중심에 있는 자"(ESC : 198)의 이론으로 기술한다. 휴머니즘적 설명에 따르 면, 사람들의 삶은 자율적인 인간 이성의 원리에 의해 개인적인 동시에 사회적 인 심급에서 질서화되어야 한다. 사람들이 그들의 삶을 이러한 방식으로 결정 할 수 없도록 방해하는 체제로서 자본주의를 이해하는 한, 그리고 그들이 그 렇게 하는 데 필요한 수단으로서 공산주의를 이해하는 한, 청년 맑스는 휴머 니스트이다.

으로서 다가든다고 말할 때 의미한 바이다. 산업자본주의에 의해 노동자들이 소외받게 되는 대상은 노동의 산물 그 이상이다. 노동자는 그 자신으로부터도 소외된다. 산업자본주의가 의존하는 노동분업은 산업 노동자로 하여금 일련의 단조로운 노동을 지루하게 반복하도록 하기 때문에 노동자가 일을 하는 데 행복을 느끼지 못한다는 뜻이다. 맑스가 그리는 이상적인 인간 노동은, 사람들이 자연 세계와 생산적으로 상호작용함으로써 그들 자신과 자연 세계를 모두 변화시키는 절차이다. 그러나 산업자본가를 위한 노동은 노동자의 정신적·신체적 능력을 발전시키기는커녕 오히려 그 몸과 마음을 황폐화시킬 뿐이다. 게다가 맑스의 관점에 따르면, 자연 세계와의 상호작용을 통해 자기 삶을 자유롭고 의식적으로 생산하는 것이 인간 존재의 근본적 성격이기 때문에 노동을 통해 이를 행할 수 없는 산업 노동자는 자기 인간성으로부터도 소외당하게 된다. 이 노동자는 자본가가 생산하도록 요구하는 것만을 생산할 수 있으며, 이 생산은 그의 삶을 발전시키기는커녕 오히려 축소시킨다.

마지막으로 맑스는 산업자본주의가 노동자를 그의 동료들로부터도 소외시킨다고 주장한다. 노동자 노동의 산물은 어떤 생소한 힘으로서 그를 물끄러미 바라보는데, 왜냐하면 그 산물은 다른 사람, 즉 자본가에게 속해 있기 때문이다. 노동자는 자신의 삶을 이 대상을 생산하는 삶으로 축소시킴으로써 그 대상이 속해 있는 자본가의 삶을 살찌운다.

그런데 이러한 자본주의 분석은 생산관계나 계급투쟁과 같은 사적유물론의 사회적 범주 내에서 행해진 것이 아니다. 오히려 《경제학—철학 수고》의 맑스에게는 자본주의의 핵심이, 마땅히 인간 존재의 소유여야 하는 것들로부터 노동자가 소외된다는 사실이었다. 맑스는 이러한 상황의 해결책으로서 공산주의를 구상한다.

> 공산주의(는) 인간의 자기소외로서의 사유재산의 실정적 초월이며, 그러므로 인간에 의한, 그리고 인간을 위한 인간 본질의 진정한 전유이다. 공산주의는 그러므로 인간의 사회적 존재(즉, 인간 존재)로서의 자기회복이다. 이 회복은 의식意識적인 것이 되고, 과거의 발전을 통해 만들어진 모든 부富 내에서 성취된다.(EPM : 135)

만약 자본주의 하에서 노동자가 인간 존재로서의 자신에게 고유한 것들로부터 소외된다고 한다면, 그리고 그것이 자본주의적 생산이 의거하는 사유재산제로부터 비롯되는 것이라면, 이제 공산주의 하에서 그러한 제도를 폐지하여 인간은 다시 인간 본성을 회복할 수 있다. 따라서 공산주의는 자본주의가 다소간 불가능한 것으로 만들어 버린 온전한 인간의 생성과 관련되게 되었다.

제2차 세계대전 이후 《경제학—철학 수고》에 비상한 관심이 쏠리기 시작하면서 철학자들과 지식인들은 공산주의에 대한 이러한 설명이 설득력이 있다고 생각했다. 그러나 알튀세르는, 맑스가 그것을 썼음에도 불구하고 그것이 맑스주의의 정확한 해

석이 전혀 아니라고 주장한다. 알튀세르에 따르면, 청년 맑스는
아직 맑스가 되지 못했다는 것이다.

맑스와 엥겔스는 그들이 '사적유물론史的唯物論'이라 부른 철학 체계를 발전시킨다. 그들의 구상에 따르면, 한 사회는 근본적으로 그 사회 구성원의 물질적 삶의 생산력과 생산관계로 구성되어 있다. 이러한 경제적 '토대'로부터 '상부구조'가 발생하는데, 그것은 그 사회의 법률적이고 정치적인 제도, 문학적 생산 및 문화적 생산을 포함한 사회의 모든 형태의 의식 혹은 '이데올로기'를 구성한다. 인류 역사가 언제나 계급투쟁의 역사였기 때문에 이데올로기는 계급적 이해관계에 관한 담론이며, 사회 내에서 대립하는 계급들의 입장, 특히 지배계급의 입장을 반영한다. 알튀세르의 문학비평과 문화비평처럼 사적유물론을 따르는 유의 비평은 사회 속에 주어진 한 작품의 의미를, 그것을 그렇게 생산한 힘의 복잡한 관계망을 추적함으로써 설명한다. 맑스는 그의 초기 저작을 특징짓는 '휴머니즘'을 통한 지적 여정 끝에 사적유물론에 도달한다. 초기 저작에서 맑스는 자본주의 하에서의 인간성 소외 그리고 공산주의 하에서의 인간성 회복에 대해 설명한다.

제 2 장

이론적 혁명
: 알튀세르의 맑스주의

Louis Althusser

비록 맑스가 사회과학과 철학에서 엄청난 혁명을 이루어 냈지만, 심지어 맑스주의자들조차 이 혁명을 크게 오해했다고 알튀세르는 생각했다. 따라서 알튀세르의 초기 주요 작업은 "맑스로 회귀"하는 데 있었다. 이는 경제학에서 문학비평에 이르는 이론적 담론 내에서 맑스의 사유가 갖는 엄청난 중요성을 올바르게 상술하려는 시도였다. 알튀세르는 맑스주의자들이 이러한 이론적 혁명을 올바르게 이해해야만 실천상에서의 혁명, 즉 맑스가 그의 모든 저작에서 목표로 삼았던 혁명을 이뤄 낼 수 있다고 보았다.

이번 장에서 우리는 맑스가 수립한, 혁신적으로 새로운 역사학에 대한 알튀세르 특유의 설명을 살펴볼 것이다. 그러면서 알튀세르가 이러한 설명을 전개하게 된 배경, 이 설명이 갖는 근본적 요소들, 문학비평과 문화비평에서 이 설명이 갖는 중요성에 대해 논의할 것이다.

| 맑스주의적 휴머니즘

1965년 두 권의 논문집을 출간하면서 알튀세르는 프랑스 및 세계 지성계의 주목을 받기 시작했다. 첫 번째 논문집《마르크스를 위하여Pour Marx》는 알튀세르가 과거 5년간 주로 공산주의 학술지에 게재한 시론들을 모아 놓은 것이었고, 두 번째 논문집《자본론을 읽는다Lire le Capital》는 알튀세르와 공산주의 계열 철학도 모임이 1964~65년 고등사범학교에서 조직한 맑스의《자본론》세미나에서 독해한 일련의 논문들로 구성되어 있었다.

이 두 권의 책은 즉각적으로 프랑스 지성계에서 광범위한 관심과 논쟁을 불러일으켰으며, 전위적인 영어권 비평가들이 각자의 학문 영역에서 1960년대의 급진적 프랑스 철학의 논리를 가져다가 작업을 시작하면서 신속하게 영미 문학 연구 분야에서도 영향력 있는 텍스트가 되었다.

이 두 권의 책이 속한 맥락들을 살펴보면서 논의를 시작해 보자. 이 맥락 중에서 가장 우선적이고도 중요한 맥락은 바로 **맑스주의 휴머니즘**의 맥락이다. 이 맥락 속에서 알튀세르는 두 권의 책을 정치적으로 진보적인 개입으로 간주했다.

제2차 세계대전 종전 이후의 프랑스에서 공산주의의 지적 명성을 크게 부각시킨 것은 무엇보다도 다음과 같은 두 가지 사실이었다. 정치적 심급에서, 공산당은 전쟁 동안 나치에 대항한 레지스탕스를 조직하는 데 두드러진 역할을 수행함으로써 많은 사람들에게 공산주의야말로 히틀러의 제3제국의 악몽이 지나가고 난 후에 진정으로 정치를 조직할 수 있는 유일한 수단이라는 믿음을 심어 주었다. 그 결과, 1946년 프랑스 공산당원의 수는 80만 명에 달했다.

이론적 심급에서는, 맑스의 《경제학−철학 수고》가 1932년에 출간되고 1937년에 그 일부가 프랑스어로 번역됨에 따라 이 책에 담겨 있는 초기 맑스의 휴머니즘적 입장이 맑스주의 전반을 해석하는 데 막대한 영향을 끼치는 결과를 초래했다. 맑스가 휴머니즘 철학자로 새롭게 읽힘에 따라 《자본론》이 담고 있는 기술적 정식들과 공산당의 무미건조한 경제주의적 정통론에 갑작스럽게 인간적인 의미가 확산되었다. 자본주의는 비인간적 체제이고 공산주의는 인민이 진정으로 인간답게 살 수 있는 유일한 사회라는 맑스의 믿음에 입각해 이해된 맑스의 사상은 가톨릭계, 인격주의자, 실존주의자, 현상학자 등 모든 부류의 철학자와 지식인들에게 진지하게 받아들여지기 시작했고, 이들은 맑스의 작업에 대한 방대한 연구를 저술하고 또 그것을 자신의 작업과 결합시키기 시작했다. 이 시기가 바로 유명한 실존주의 철학자 장 폴 사르트르(그 자신이 프롤레타리아의 대의명분을 위해 새로이 전향한)가 맑스주의를 "우리 시대의 초극 불가능한 지평"이라고 묘사했던 시기다. 비록 정식 공산당원이 아니라 할지라도 지식인이라면 맑스주의를 진지하게 받아들일 수밖에 없었다.

소련에서 이오시프 스탈린(1879~1953)에 의한 실질적인 독재 체제가 지속되던 기간에 유럽의 공산당은 소련과 그 영도자에게 열렬한 충성을 보냈다. 스탈린 치하에서 프랑스 공산주의 지식인의 역할은, 다른 곳에서와 마찬가지로 맑스주의적 원리들을 자세히 해설함으로써 소비에트 사회가 자본주의사회보다 우월함을 과시하는 것에 대체로 국한되었다. 이러한 맥락에서 암울하게도 그 신봉자들에게 '세계에서 가장 위대한 철학자'로 칭해진 스탈린은 맑스주의 철학에 관한 짧은 책《변증법적·역사적 유물론DIAMAT》(1938)을 집필했다. 스탈린에게 맑스주의는 '변증법적유물론'이라 불리는 완결된 과학적 체계였으며, 공산주의 지식인의 책무는 이 변증법적유물론의 진리를 설명하는 데서 그쳐야 한다.

알튀세르는 스탈린 시대, 즉 자신이 공산주의 철학자로서의 경력을 쌓기 시작한 시대를 "교조주의의 밤"(FM : 31)이라 묘사했다. 이 기간에 공산당 외부에서 맑스주의적 휴머니즘이 철학에 행사한 영향력은 대체로 맑스주의의 진리에 대한 또 다른 종류의 자본주의적 왜곡이라고 무시되었다. 그런데 1956년 공산주의 철학자들이 휴머니즘 대열에 합류하면서 모든 것이 변했다.

1956년 2월, 소련공산당 서기장 니키타 흐루시초프는 제20차 소련공산당 대회에서 그 유명한 '비밀 연설'을 발표한다. 대회가 끝날 즈음 위원들을 호텔 방에서 불러내어 소집한 뒤, 스탈린이 권좌에 있을 때 소비에트 인민에게 저지른 엄청난 범죄들을 사실적이고도 구체적으로 비난한 것이다. 물론 오늘날 이 범죄들은 비밀이 아니며, 당시에도 소련의 비공산주의 소식통을 통해 암암리에 알려진 내용들이었다. 하지만 전 세계 수백만의 공산당 평당원들에게 이 연설은 일종의 폭로로 다가왔다.

당시는 서구 지식인과 정치인이 스탈린주의적 억압에 대해 이야기하는 것이 항상 자본주의의 중상모략으로 치부되는 상황이었다. 갑자기 국제공산주의운동은 그 중상모략이 진실이었음을 알게 되었다.

흐루시초프는 '스탈린 격하' 프로그램에 착수했다. 스탈린의 오류와 범죄를 비난하고 교정함으로써 이러한 일들이 (적어도 이론상으로는) 다시는 일어나지 않도록 하기 위함이었다. 흐루시초프가 이 프로그램을 가동시킨, 명백히 그의 실리와 직결된 동기에 대해선 여기서 논의하지 않겠다. 우리에게 중요한 것은, 스탈린 격하 운동에 공산주의 철학자들이 참여했다는 사실이다. 그러면서 스탈린의 오류는 일부 이론적인 오류로 간주되었다. 그 덕분에 30년 만에 처음으로 공산주의 지식인들은 맑스주의 교의를 다시 사유할 수 있는 기회를 얻게 되었다.

《경제학-철학 수고》가 불러일으킨 맑스의 사유에 대한 새로운 조명에 대해 비공산권 동료들과 마찬가지로 열렬한 반응을 보였던 공산주의 지식인들은, 여태까지 그들에게 강요되던 스탈린주의적 정통론을 거리낌 없이 떨쳐 버리고 《경제학-철학 수고》의 휴머니즘에 따라 맑스주의를 다시 사유하기 시작했다. 그 결과, 전후 몇 년 사이에 수많은 프랑스 지식인들이 맑스주의가 공산주의 사회에서만 가능한 완전한 인간적 삶을 약속함으로써 노동자들을 인간 본성에서 소외시키는 자본주의를 종식시키고자 하는 체계라는 데 동의하기에 이르렀다. 이 점에 대해 마크 포스터Mark Poster는 당대 프랑스 철학을 다룬 저서에서 다음과 같이 쓰고 있다.

공산주의자 르페브르Georges Lefébvre로부터 가톨릭 신자 칼베즈Jean-
Yves Calvez에 이르기까지, 《1844년 수고》(《경제학—철학 수고》)의 주
석자들은 거의 이구동성으로 다음과 같은 입장을 취했다. 즉, 오로
지 단 한 사람의 맑스만 있을 뿐이고, 《1844년 수고》에 나타나 있
는 소외 개념이야말로 맑스의 전 사유를 지탱해 주는 토대라는 것이
다.(Poster 1975 : 69)

이제 심지어 소련공산당조차 휴머니즘의 언어로 말하기 시
작했다. 제21차 당대회에서 흐루시초프는 새로운 정당 강령을
"진정한 공산주의적 휴머니즘의 문서"로 묘사했으며, 또한 "'모
든 것을 인간과 인간의 이익을 위해'라는 당의 표어를 실질적이
고 완전하게 실현하는 것"(CPSU 1961 : 189-90)으로 묘사했다. 알튀
세르가 처음으로 비판하기 시작한 것은, 1960년대 프랑스 지성
계를 휩쓸던 바로 이러한 맑스주의적 휴머니즘이었다.

| 구조주의 |

알튀세르가 《마르크스를 위하여》와 《자본론을 읽는다》에 수록
된 논고들을 집필할 때 프랑스 지성계에서 가장 두드러지게 발
전하고 있던 것이 '구조주의structuralisme'라 알려진 급진적이고도

새로운 사회과학 방법론이었다.

구조주의 언어학은 페르디낭 드 소쉬르Ferdinand de Saussure (1857~1913)가 1911년에 제네바에서 행한 '일반언어학 강의Cours de Linguistique Générale'가 그의 사후 출간되면서 창시되었다. 유럽의 철학적 전통이 언어의 역사적 발전 및 비교 연구에 치중했다면, 소쉬르가 주창한 언어학은 주어진 언어의 구조를 연구 대상으로 삼을 때에만 비로소 과학적 위상을 획득할 수 있다고 주장했다. 언어학은 실제 발화의 역사적 사실(소쉬르의 용어로는 '빠롤 parole', 즉 입말)에 관한 것이 아니라, 특정 언어가 한 역사적 시기에 갖는 구조(또는 '랑그langue', 즉 체계로서의 언어)에 관한 학문이라는 것이다.

이렇게 이해한다면 소쉬르가 '기호signe'라 칭한 언어의 단위는 개념적으로 두 부분, 즉 '기표signifiant'와 '기의signifié'로 나눠질 수 있다. 기표는 식별 가능한 음성의 개별적 단위들을 포함하는, 한 언어의 **음성 패턴**이다. 기의는 화자가 발화한 음성 패턴과 연결된 **개념**이다. 소쉬르는, 언어 기호는 그 자체로 의미가 있는 것이 아니라 오로지 이 체계 내의 다른 기호들과의 **차이**로 인식될 수 있는 것이라고 주장한다. 가장 작은 음성 패턴은 물론이고 언어의 모든 단위는 해당 언어 내의 모든 비교 가능한 단위들과의 관계들을 통해서만 의미를 갖게 된다는 것이다.

소쉬르에 따르면, 음성 패턴과 어휘, 단어 구성, 통사법, 의미 및 언어의 모든 요소들은 교통신호의 색깔과 비슷한 방식으로 작동한다. 빨간불은 그 자체로 아무런 의미도 없다. 하지만 교통법규 체계에서는 이 체계의 다른 요소들, 즉 '노란불'과 '파란불'과의 차이를 통해 '정지'라는 의미를 얻게 된다. 모든 언어는 이 원리에 따라 작동하며, 언어는 단위의 체계들로 구성되어 있고, 이 단위들은 그 체계 내의 모든 다른 단위들과의 차이를 통해서만 의미를 갖게 되는 것이라고 소쉬르는 주장한다.

소쉬르는 언어학이 그가 **기호학**semiology(그리스어로 기호를 의미하는 'semeion'에서 유래) 혹은 '기호 연구'라 칭한 더 폭넓은 학문의 한 부분이어야 한다고 주장했다. 사회적 삶은 모든 종류의 기호 체계를 포함하는데, 《일반언어학 강의》의 시기에는 이 체계들 중 언어만이 과학적 탐구 대상이 되었다.

이에 구조주의는 인류학에서 정신분석학을 거쳐 문학비평에 이르기까지의 인간과학을 통해서 일반기호학의 원리들을 개발해야 한다는 소쉬르의 요청에 부응하려고 했다. 클로드 레비스트로스Claude Lévi-Strauss(1908~2009)는 신화, 친척 관계, 종교의식 등의 인류학적 현상들도, 소쉬르가 언어 현상을 체계 내의 다른 단위들과의 관계로부터 의미를 얻는 단위들의 체계로 이해한 것과 마찬가지 방식으로 이해할 수 있다고 주장했다. 1950년대 말 이래로 프랑스 문학비평은 구조주의 방법론을 개발하기 시작했다. 레비스트로스와 마찬가지로 그들의 목표는 문학 텍스트를 발생시킨 심층 구조를 이해함으로써 텍스트에 대한 참된 과학적 이해를 얻는 데 있었다.

구조주의 초기에 많은 구조주의자들에게 영향을 미친 비평 작업은, 러시아 문헌학자 블라디미르 프로프Vladimir Propp

(1895~1970)가 벌인 러시아 민담 분석이었다. 프로프는 이 민담 자료집에 있는 다양한 인물들과 주요 사건들의 이면에서 일정한 수의 '행동 영역'과 '기능'을 식별해 냈는데, 모든 민담은 이것들 간의 순열 조합이라는 것이다. '행동 영역'은 민담에 등장하는 인물의 이면에 있는 것으로서, 프로프는 이를 일곱 가지로 구분했다. 예를 들어 '악당', '조력자', '영웅' 등이 그것이다. '기능'은 플롯 내 사건들의 이면에 있는 것으로, 프로프는 이를 서른한 가지로 구분했다. 예를 들면 "가족 중 한 사람이 집에 없다"거나 "영웅에게 금지가 내려진다"는 등의 것이다. 프로프에 따르면, 모든 러시아 민담 자료는 이 일곱 가지 행동 영역 중 몇 개와 서른한 가지 기능 중 몇 개의 조합으로 이루어져 있다. 프로프는 모든 민담은 조합의 단위와 규칙을 정하는 단일한 구조로부터 비롯되었다고 결론짓는다.

1960년대 프랑스 구조주의 비평은 이 기본 원리를 섬세하게 다듬는다. 언어학자 그레마스A. J. Greimas(1917~1992)는, 내러티브 의미들의 차별화된 단위들을 조합하는 복잡한 도식에서 모든 내러티브가 파생된다고 주장하며, 이 도식들을 세밀하게 분류했다. 츠베탕 토도로프Tzvetan Todorov(1939~)는 조반니 보카치오의 중세 설화 모음집인 《데카메론Decameron》을 내러티브 단위와 조합 규칙이 갖는 '문법' 간의 일련의 결합으로 분석했는데, 이는 문장을 생성하는 언어 조합 규칙 및 문법 단위와 매우 유사한 것이었다.

가장 훌륭한 구조주의 문학비평가인 롤랑 바르트Roland Barthes

(1915~1980)는 패션에서 시작하여 레슬링 경기, 스트립쇼에 이르는 문화 현상을 문화적 기호의 체계들로 분석했다. 1970년경 "탈구조주의적" 입장을 전개하기 전까지, 바르트는 차별화된 의미를 갖는 단위들의 조합 패턴으로서 문학 내러티브를 분석하는 대단히 정교한 구조주의적 방법론을 완성했다.

1960년대 중반에는 구조주의가 프랑스 지식인들의 삶에서 유행의 정점에 도달했다. 그러나 알튀세르는 구조주의자도 아니었고, '구조주의적 맑스주의자'도 아니었다. 오늘날까지도 일부 문학 이론 입문서에서는 그렇게 지칭하고 있지만 말이다. 비록 《마르크스를 위하여》와 《자본론을 읽는다》에 수록된 세미나 발제문은 구조주의가 지배적이던 지적 환경에서 집필됐지만, 이러한 환경은 알튀세르에게 맑스 저작을 해석하는 다른 방법론을 제공했다. 구조주의가 알튀세르의 맑스주의에 끼친 영향에는 다음과 같은 두 측면이 있다.

첫째, 구조주의의 **안티-휴머니즘성**이다. 구조주의자들은 문화 현상이 개별적 인간 존재의 의식적인 결정에서 비롯된 산물이 아니라고 주장한다. 오히려 문화 현상은 추상적인 사회 규약의 산물이다. 개인들은 이 규약들에 지배당하는 사회 내 구성원의 자격으로서 이 규약을 이용하는 것이다. 구조주의적 관점에서 봤을 때 문학 텍스트는 문학적 의미의 초개인적 **체계**에서 비롯된 산물이지 개별적 저자의 창조물이 아니다. 알튀세르 역시 다음과 같이 주장할 것이다. 즉, 제대로 이해된 맑스주의에 따르면 사회 그 자체는 관계의 체계로서, 이 체계의 각 요소들은 오로지 동일한 체계 내의 다른 요소들과의 관계를 통해서만 이해될 수 있다고 말이다. 그렇기 때문에 한 사회의 문학적 산물(빅토리아 시대의 소설 같은)은 그것을 만들어 낸 사회를 포함한 다른 모든 종류의 사회적 활동(빅토리아 사회의 경제, 정치생활, 법제, 교육제도, 결혼 및 가족제도, 식민 지배, 종교제도, 출판 산업 등)과 맺는 관계를 통해서만 이해될 수 있다고 말이다.

둘째, 특유의 안티−휴머니즘에 따라 알튀세르 역시 한 사회를 **관계 내 요소들**의 체계로 이해했다. 그러나 알튀세르는 주어진 한 체계 내의 모든 요소를 완벽하게 분류하고, 이 요소들 및 조합 규칙의 '문법'이나 체계에 관심을 갖는 전통적 구조주의와는 의견을 달리한다. 알튀세르는 오로지 맑스를 올바르게 이해하는 데에만, 그리하여 이 이해를 바탕으로 올바르게 행동하는 데에만 관심이 있었다.

그럼에도 불구하고, 맑스의 혁명적 사회 이론에 대한 알튀세르의 설명은 구조주의의 문화 현상 설명과 공통된 속성을 가지고 있다. 즉, 문화 현상이란 개별적 요소들의 체계이며, 그 요소의 의미는 체계 내 다른 요소들과의 관계 속에서 형성된다는 것이다.

| 문제계 Problematics

알튀세르가 글을 쓴 맥락을 확인했으므로, 이제 맑스주의에 대한 알튀세르의 안티-휴머니즘적 · 친親구조주의적 설명이 어떤 외양을 갖고 있는지를 알아보자.

우선 알튀세르의 설명은 맑스주의가 정확히 무엇인지를 확증하는 것과 관련이 있다. 이는 알튀세르에게 단지 이론적 관심 정도가 아니었다. 맑스의 사유를 올바르게 이해하는 것이 정치적으로 중요하다고 알튀세르는 믿었는데, 왜냐하면 맑스의 사유가 올바르게 이해될 때에만 맑스주의자들이 그에 따라 성공적으로 **행동**할 수 있고 또 공산주의적 실천의 목적이라 할 수 있는 정의로운 사회를 만들어 낼 수 있기 때문이다.

알튀세르는 종종 러시아 혁명가 레닌v. I. Lenin(1870~1924)이 말한 "혁명적 이론 없이는 혁명적 실천도 없다"라는 금언을 인용했으며, 실제로 이 금언은 알튀세르가 행한 전체 작업의 표어 역할을 했다. 맑스의 혁명적 사유를 이해하려면 무엇보다도 맑스의 사유가 **아닌** 것이 무엇인지를 이해해야 한다고 알튀세르는 주장한다. 알튀세르가 보기에, 청년 맑스의 휴머니즘을 맑스가 1845년부터 발전시키기 시작한 이론에 통합하는 것은 오류이다. 맑스에 대한 당대의 모든 관심이 이와는 정반대되는 가정에 기초해 있었지만, 맑스의 말기 사유에 입각하여 그의 청년기 작업을 역사적으로 비판한다고 해서 "**맑스 전체**를 상실할 [위험]"에 빠지는 것은 아니라고 알튀세르는 주장한다. 오히려 맑스주의 이론에는 그러한 비판이 **필요하다**.

맑스의 초기 작업을 제대로 이해하려면, 이데올로기에 관한 진정으로 맑스주의적인 이론에 따라 그 작업을 독해해야 한다고 알튀세르는 주장한다. 당시 진행되던 청년 맑스의 작업에 관한 모든 작업(《마르크스를 위하여》에 수록된 알튀세르의 초기 논고 중 하나는 이러한 부류의 연구들에 대한 비평문이다.)은 맑스의 초기 작업(특히 《경제학-철학 수고》)과 그의 후기 작업(특히 《자본론》)을 설득력 있게 **비교**하는 데 초점을 맞추고 있었다. 이러한 작업에 따르면 《경제학-철학 수고》의 한 요소는 헤겔과 포이어바흐처럼 맑스에게 영향을 준 당대의 사상가들에게서 나오고, 또 다른 요소는 맑스의 후기 작업에서도 확인되다시피 진정한 맑스의 사유라고 할 수 있다. 알튀세르는 이러한 종류의 비교 분석을 거부한다. 이데올로기에 관한 맑스주의 이론은 그러한 논쟁에서 오가는 것과는 상당히 다른 원칙들에 기초해 있다고 알튀세르는 주장한다. 그는 다음과 같이 말한다.

> 모든 이데올로기는 그 고유의 **문제계**problematic에 의해 내적으로 통합되어 있는 실제적 총체로 간주되어야만 한다. 그렇기 때문에 그 의미를 변경시키지 않고서는 거기서 단 하나의 요소도 추출해 낼 수 없다.(FM:62)

알튀세르의 맑스 해석의 첫 번째 원칙은 다음과 같다. 즉, 모든 개별 사유 체계는 그 내부에서 사유되는 모든 것을 지배하고 규정하는 내적 정합성을 갖고 있다. 알튀세르는 이러한 내적 정합성을 '문제계problematic'라고 칭하고, 이를 "기성 **이데올로기적 장**의 영역을 이루고 있는 실질적 사유들의 구성적 정합성"으로

규정한다. 한 사람의 저자는 이 정합성 내에서 사유하는 것이다.(FM:66)

알튀세르가 의미하려는 바는, 모든 철학은 그 자체가 일련의 개념들로 구조화되어 있으며, 그 개념들은 한 저자가 제기한 문제들에 그 스스로가 제시한 해결책뿐만 아니라 제기될 수 있는 문제들 그 자체도 주재_govern하고 있다는 것이다. 소설가가 되었든 철학자가 되었든지 간에, 한 저자가 그 안에서 사유하는 문제계는 저자가 제기할 수 있는 질문들을 주재하는, 그러므로 여기에 주어질 수 있는 대답들도 주재하는 개념들의 체계이다. 이에 따라 알튀세르는 문제계를 개별 저자가 제시하는 "**대답들**을 주재하는 **질문들**의 체계"로 규정한다.(FM:67)

예를 들어, 구조주의에서 작동하는 새로운 문제계의 정식화에 대해 살펴보자. 소쉬르가 언어를 기호, 즉 각기 기표와 기의를 포함하며 동일 체계 내의 다른 기호들과의 차이를 통해서만 의미를 얻는 기호들의 체계라고 규정했을 때, 그는 새로운 사유 체계를 개발해 낸 것이고, 이 체계 안에서 언어에 관한 질문들이 제기되고 대답될 수 있었다는 것이다. 유럽의 문헌학적 전통에서는 더 오래된 형태들로부터 최근 형태에 이르기까지 언어들 내에 존재하는 요소들의 역사적 전개를 파악할 수 있었고, 또 한 언어 요소들을 다른 언어의 요소들과 비교할 수 있었다. 소쉬르는 구조주의 언어학을 창시함으로써 이러한 전통과 단절한 것이다. 문헌학적 전통이 사용할 수 있는 방법론적 개념 체계는 역사의 주어진 한 시기에 존재하는 단일 언어의 구조를 드러낼 수도, 분석할 수도 없었다. 그런데 소쉬르가 제시한 기호·기표·기의라는 문제계는 이전에는 보이지 않은 채로 남아 있었던 관계들의 전체 체계를 언어학으로 하여금 볼 수 있게 해 주었다.

마찬가지로, 미국 언어학자 노암 촘스키Noam Chomsky(1928~)가 미국 구조주의 언어학과 단절하고 생성문법의 문제계를 창시했을 때, 생성문법을 구성하는 일련의 새로운 용어들(심층구조, 표면구조, 보편문법, 언어습득장치 등)은 구조주의 언어학이 포착하지 못한 언어 현상을 과학적으로 탐구하려는 관심을 불러일으켰다.

알튀세르는 문제계 개념을 철학에만 사용했지만, 이를 문학 분석에도 사용할 수 있다. 예를 들어 1963년에 사망한 실비아 플라스Sylvia Plath는, 당시 여성운동이 미국과 영국에서 막 시작되던 시기였기에 여성주의 문제계의 용어를 사용할 수 없었지만 분명 작품 내에서 그러한 용어를 탐색하고 있었다고 말할 수 있다. 그녀의 후기 시에 나타나는 어떤 격렬함은 표현을 찾고 있는 생각들과 감정들의 격렬함이었다. 이러한 생각들과 감정들은 선先여성주의적 개념 체계 내에 잠복되어 있었고, 이것들은 그녀의 시를 매우 충격적인 것들로 만들어 주는 격렬한 내용과 이미지 내에서만 그 표현을 찾을 수 있었다.

문제계 개념은 맑스가 명시적으로 표명한 개념은 아니지만 맑스의 이데올로기 이론에서 작동하고 있다고 알튀세르는 주장한다. "맑스가 그것을 직접적으로 사용하지는 않았지만, 그의 성숙기(특히 《독일 이데올로기》)에 행한 이데올로기 분석에 지속적으로 활성화되고 있다."(FM:66) 그 예로서 알튀세르는 《독일 이데올로기》의 다음 문장을 인용한다.

> 독일에서의 비판은 …… 결코 자신의 전반적인 철학적 전제들을 검토해 본 적이 없으며, 사실상 그것의 모든 문제들은 일정한 철학 체계, 즉 헤겔의 체계에서 비롯된 것이다. 비단 그에 대한 답변에서뿐만 아니라 그 질문에서조차 신비화가 행해지고 있다.(GI:34)

맑스의 초기 작업을 그 문제계에 입각해 분석해 보면 그의 초기 작업은 결코 맑스적이지 않다는 결론이 나올 수밖에 없다고 알튀세르는 지적한다. 청년 맑스에 대한 당시의 분석은 맑스적이라 간주될 수 있는 요소들과, 맑스가 《경제학-철학 수고》에서 인정했듯이 포이어바흐 등 그에게 영향을 준 철학자들에게서 취해 온 요소들로 청년 맑스의 작업을 분할하고 있었다. 하지만 문제계에 대한 맑스적 개념이 이해된다면, "(이런 요소들)보다도 우선성을 갖는 질문, 즉 주어진 하나의 텍스트 내에서 **이 요소들을 실제적으로 사유하기 위한 출발 지점이 되는 그러한 문제계의 속성**에 관한 질문에 모든 것이 의존하게 될 것이다".(FM:68)

맑스 초기 작업의 문제계는 1845년 이래로 맑스의 작업에서 나타나기 시작하는, 역사에 대한 유물론적 이해라는 진정으로 맑스적이라 할 수 있는 문제계라기보다는 분명히 포이어바흐 철학의 휴머니즘적 문제계라고 알튀세르는 주장한다. 맑스가 초기 작업에서 포이어바흐를 얼마나 적게 명시적으로 참조하고 있는지 그리고 포이어바흐가 분석하지 않은 대상들을 맑스가 얼마나 많이 분석하고 있는지와 관계없이, 맑스가 이 분석들에 착수할 때 그가 속해 있던 개념 체계는 포이어바흐의 체계이지 맑스 본인이 1845년에 전개한, 역사에 대한 유물론적 이해의 체계가 아니라는 것이다.

| "인식론적 단절" |

알튀세르는 1845년에 맑스의 사유가 전적이고도 근본적으로 변화하게 된다고 주장한다. 《포이어바흐에 관한 테제》와 《독일 이데올로기》에서 그가 그때까지 그 안에서 사유하고 있었던 휴머니즘의 전체 문제계를 폐기하고, 사회와 역사를 분석할 전적으로 새로운 일련의 개념들을 정식화한다는 것이다. 이 사건을 알튀세르는 다음과 같이 기술한다.

> 1845년에 맑스는 인간 본성을 역사와 정치의 토대로 삼는 모든 이론과 근본적으로 단절했다. 이 독특한 단절은 다음과 같은 서로 분리할 수 없는 세 요소들을 포함하고 있다.
> 1. 근본석으로 새로운 개념, 즉 시회 구성, 생산력, 생산관계, 상부구조, 이데올로기, 경제에 의한 최종 심급의 결정, 다른 심급의 특수한 결정 등의 개념에 기초한 역사와 정치에 관한 이론의 구성.

2. 모든 철학적 휴머니즘의 이론적 주장에 대한 급진적 비판.

3. 휴머니즘을 이데올로기로 규정.(FM:227)

다시 말해, 1845년 맑스는 그가 여태까지 그 속에서 작업하던 휴머니즘적 문제계를 거부하고 새로운 문제계, 즉 역사에 대한 유물론적 이해라는 문제계의 용어를 확립했다는 것이다.

알튀세르는 역사에 대한 유물론적 이해를 **과학**으로서, 즉 사회사에 대한 진정한 인식을 생산하는 개념 체계로서 이해한다. 맑스가 역사학을 창시한 것은, 휴머니즘의 문제계와 단절하고 또 그 속에 포함되어 있는 모든 철학적 개념들과 단절함으로써만 가능했던 것이다. 알튀세르는 다음과 같이 쓴다. "모든 철학적 인간학 혹은 휴머니즘과의 단절은 결코 부차적 사항이 아니다. 그것은 맑스의 과학적 발견이다."(FM:227)

역사과학으로 간주되는 역사에 대한 유물론적 이해를 기술하기 위해 알튀세르는 정통 공산주의 용어인 '사적유물론historical materialism'을 사용한다. 프랑스 과학철학자 가스통 바슐라르Gaston Bachelard(1884~1962)의 용어를 사용하여, 맑스가 사적유물론의 과학을 창시한 것을 "인식론적 단절"이라고 기술한다. 바슐라르에 따르면, 과학사는 일련의 지속적 단절을 통해서 진보하는데, 이 단절을 통해 '상식'과 기존 과학 이론은 전적으로 폐기되고 새로운 이론 체계가 그것을 대체한다는 것이다. 인식론은 인식 이론이며, 맑스의 단절은 역사 영역 내에서의 완전히 새로운 형태의 인식을 보여 주기 때문에 알튀세르는 이 단절을 '인식론적 단절'이라 칭한다. 그리고 사실상, 이러한 인식론적 단절을 통해서만 역사는 진실된 과학적 인식으로 전적으로 열릴 수 있다고 알튀세르는 주장한다.

인식론적 단절이라는 용어는 또한 다음과 같은 점을 강조한다. 맑스가 사적유물론의 문제계를 창시하고자 휴머니즘적 문제계와 단절했을 때, 그는 과학을 창시하고자 이데올로기와 단절했다는 것이다. 맑스 이전에는 단지 역사를 연구한다고 생각

변증법Dialectic

'변증법'이라는 용어는 논쟁술을 의미하는 그리스 단어에서 유래한 말로, 철학사에서 매우 다양한 의미를 갖고 있다. 플라톤의 초기 대화편에서는 질문과 대답의 절차를 통해 진리를 추구하는 철학적 토론술을 의미했다. 헤겔의 정신철학에 따르면, 사상사는 한 개념이 지속적으로 그 대립항으로 발전해 나아가고, 이어서 이 두 대립항을 통합하는 상위 형태로 발전하면서 진보한다. 그리스의 토론술과 마찬가지로 이러한 절차 역시 모순과 해결의 절차이기 때문에 헤겔은 이를 '변증법'이라 칭한 것이다. 맑스에 따르면, 헤겔은 변증법 개념과 역사 발전의 법칙을 발견했지만 이를 사상사에 잘못 적용했다. 맑스는 사회가 변증법적으로 발전한다고 여겼다. 예를 들어 자본주의사회는 프롤레타리아를 발생시키는데, 프롤레타리아는 자본주의사회를 붕괴시키고 이 사회를 더 발전된 형태, 즉 공산주의로 인도하며, 공산주의 사회에서는 산업 생산물이 공공의 선을 위해 사용된다는 것이다. 엥겔스는 후기 작업에서 이러한 변증법적 관점을 발전시킨다. 고정적이고 개별적인 존재를 대상으로 삼는 철학적 전제에 반대되는 변증법적 사유(맑스주의는 그중에서 가장 발전된 형태이다.)는 사물들 사이의 상호관계 및 이 사물들을 지속적으로 발전시키는 변화, 갈등, 모순의 절차들을 이해하고자 한다. 맑스주의 이론 내에서 '변증법적유물론'은 이렇게 이해된 자연·역사·사유에 관한 일반과학의 이름이 되었으며, '사적유물론'은 맑스가 이 과학을 사회사에 구체적으로 적용한 것을 지칭하게 되었다.

했을 뿐 실제로 연구한 것은 아니다. 맑스 이후에야 비로소 역사가들은 역사적 사건들을 진정으로 이해하고 설명할 수 있게 되었다. 그전에는 역사적 사건들을 이데올로기적으로 오해하고 잘못 설명한 것이다.

이는 수많은 역사가들, 톰슨E. P. Thomson 같은 맑스주의 역사가들조차도 논박을 벌이는 급진적인 주장이다. 문제계 개념과 마찬가지로, 알튀세르는 인식론적 단절 개념도 맑스가 명시적으로 표명하지는 않았지만 맑스의 작업 내에 함축되어 있다고 주장했다.

| 역사과학 |

맑스는 사적유물론을 창시하고자 휴머니즘적 문제계와 단절했을 뿐만 아니라 관념 철학자 헤겔의 문제계와도 단절했다고 알튀세르는 주장한다. 맑스주의 전통은 물론이고, 맑스 본인도 자신의 사유를 헤겔과 늘 연결시켜 왔다. 특히 《자본론》 2판 (1873) 후기에서, 맑스는 자신이 헤겔의 "변증법적 분석 방법"을 유지해 왔다고 명확하게 말하고 있다.

헤겔의 손에서 변증법은 신비화에 시달렸다. 그러나 이 신비화는 헤겔이 설득력 있고 정합적으로 변증법이 작용하는 보편적 형식을 설명하는 최초의 사람이 되는 것을 막을 수 없었다. 헤겔과 더불어 변증법은 물구나무를 서고 있다. 신비의 껍질 속에 있는 합리적 핵심을 발견하기 위해 변증법은 뒤집어져야 한다.(C:103)

변증법은 사상사를 분석할 때 헤겔이 사용한 방법론으로서, 헤겔은 이를 인간 역사의 가장 근본적 실제로 간주했다. 대체적으로 말해, 변증법은 모든 현상이 항구적으로 그 대립항 혹은 '부정'을 향해 나아간다고 가정한다.(예를 들어, 생명은 항구적으로 그 대립항, 즉 죽음으로 나아간다.) 맑스가 헤겔과 더불어 변증법적 방법론이 물구나무를 섰으며, 헤겔이 그것을 되돌려야 했다고 말할 때 의미한 바는 두 가지다. 첫째, 역사는 헤겔이 주장한 것처럼 변증법적인 방식으로 진보한다. 둘째로, 역사는 헤겔이 믿었던 바처럼 근본적으로 관념의 역사인 것이 아니라 인간 사회의 물질적 역사이다.

엥겔스 이래로 맑스주의자들은《자본론》의 이 구절이, 맑스주의는 헤겔이 처음 정식화한 변증법적 방법론과 결합한 사유 체계임을 의미한다고 해석해 왔다. 알튀세르는 이를 부정하고 다음과 같이 주장한다. 즉, 문제계와 인식론적 단절에 관한 맑스주의적 개념에 비추어 본다면, 사적유물론의 과학을 창시했을 때 맑스는 헤겔을 포함하여 그가 단절한 초기의 이데올로기적 문제계와는 전혀 닮지 않은 전적으로 새로운 개념 체계를 창시했다는 것이다. 맑스주의적 문제계가 비록 변증법직 사유 체계(즉, 현상들이 지속적으로 그 부정을 향해 나아간다고 이해하는)라고 해도 헤겔의 변증법적 사유 체계와는 전적으로 다른 것이다. 알튀세르가 맑스주의적 문제계의 내용을 실정적 용어로 탐구하고, 또 맑스가 사회와 그 역사 그리고 문학적·문화적 생산을 이해한 개념을 분명히 설명할 수 있었던 것은 바로 이러한 차이점을 상술했기 때문이다.

우선, 사적유물론의 문제계는 전적으로 새로운 일련의 **용어**들로 구성되어 있다고 알튀세르는 주장한다. 초기의 사회적·경제적 사유가 사회를 각자가 하나의 주체(사람들이 갖는 생각들, 욕망들, 행위들의 근원)로 간주되는 개별적 행위 주체의 총합으로 이해했던 것과는 달리, 맑스는 **생산양식**을 통해 사회를 사유했다. 1장에서 살펴보았듯이, 한 사회의 생산양식은 "더욱 심층적이고도 더욱 구체적인 실제"(FM:110)로서, 맑스주의적 관점에 따르면 이것이야말로 사회 구성원의 모든 사유, 욕망, 행동을 결정하는 것이다. 알튀세르는 다음과 같이 쓴다.

> 그러므로 처음으로 개인의 경제적 행동이 …… 그 존재 조건에 따라 측정되게 되었다. **생산력**의 발전 정도와 **생산관계**의 상태, 이것들은 이제부터 맑스주의의 기본 개념이 된다.(FM:110)

마찬가지로, 맑스는 처음으로 국가를 **사회 계급** 개념과 연관시켜 고찰함으로써 국가에 관한 정치적 개념을 전적으로 변형시켰다. 따라서 비록 맑스가 '국가state'라는 말을 초기의 정치적 사유로부터 계속 간직해 왔지만, 그는 이 말에 전적으로 새로운 의미, 즉 지배하고 착취하는 계급의 이익을 위해 작동하는 제도라는 의미를 부여한 것이다.

> 이 새로운 개념이 도입됨으로써 그리고 이 개념이 경제구조의 기본
> 개념 중 하나와 상호작용함으로써 **국가의 본질**이 머리끝부터 발끝까
> 지 변형되었다. 왜냐하면 국가는 더 이상 인간 집단의 위에 있는 것
> 이 아니라 지배계급에 봉사하는 것이기 때문이다.(FM:110)

두 번째로, 맑스주의적 문제계는 기존의 철학들 내에서 작동
하는 관계들의 체계와 비교했을 때 **그 용어들 간의 새로운 관계**
로 구성되어 있다. 잘 알려져 있듯이, 맑스는 사회를 경제적 토
대와 상부구조(경제적 토대로부터 발전된 정치적·법적·이데올로기적 형태)
로 나눈다. 알튀세르는 엥겔스가 쓴 중요한 구절을 분석하는
데, 이 구절은 다음과 같이 지적한다. 즉, 이데올로기는 사회의
상부구조의 한 부분이며, 경제적 토대로 이데올로기의 형태와
내용이 규정되는데, 이 규정은 단순한 원인과 결과의 문제가
아니라는 것이다. 다시 말해, 경제적 토대는 이데올로기와 같은
한 사회의 상부구조적 요소에 영향을 미치는 **유일한** 요인이 아
니다. 오히려 생산력과 생산관계가 항상 상부구조의 다양한 요
소들의 원인을 **궁극적**으로 결정하며, 이 요소들은 서로에게 영
향을 주고 심지어 경제적 토대 그 자체에도 영향을 미친다는 것
이다. 1890년의 서신에서 엥겔스는 다음과 같이 쓰고 있다.

> 역사에 대한 유물론적 이해에 따르면, 역사 내에서 **궁극적으로** 결정

적인 요소는 실제적 삶의 생산과 재생산이다. 맑스도 나도 이 이상의 것에 대해 주장한 적은 없다. 그러므로 누군가 경제적 요소가 **유일한** 결정적 요소라고 곡해한다면, 그는 이 명제를 무의미하고 추상적이며 몰지각한 문장으로 변형시키는 것이다. 경제적 상황은 토대이다. 하지만 상부구조의 다양한 요소들(계급투쟁 및 그 결과들의 정치적 형태, 다시 말해 성공적인 전쟁 이후 승리한 계급이 수립한 정부 조직 등, 사법적 형태들 및 심지어 이 모든 실제적 투쟁에 관해서 그 참가자들의 머릿속에서 일어나는 성찰들, 정치적·사법적·철학적 이론, 종교적 관점 및 이 관점의 도그마 체계로의 발전) 또한 역사적 투쟁 과정에 영향력을 행사하고, 또 이 요소들의 **형태**를 결정하는 여러 주요 심급들에도 영향을 미친다.(SC:498)

문학작품처럼 한 사회의 상부구조 요소들은 오로지 **최종 심급**에서 그 사회의 경제적 토대에 의해 그 형태와 내용이 결정된다. 이 요소들은 또한 상부구조의 다른 모든 요소(정치적·법적 형식, 철학, 종교, 과학, 미디어 등)에 의해 결정되기도 한다. 문학작품의 경우, 그것은 주어진 사회 내에서 활용 가능한 문학적·문화적 전통에 의해 결정되기도 하는 것이다. 이 각각의 결정적 요소들 그 자체는 사실상 이 요소들을 생산해 낸 사회의 경제적 토대에 의해 최종적으로 결정된다. 하지만 이 경제적 토대는 문학적·문화적 생산물들에 직접적으로 작용할 뿐만 아니라, 이 경제적 토대로부터 영향을 받는 사회 상부구조의 모든 요소들의 복잡한 매개를 통해서도 작용한다. 게다가 이러한 관점에 따르면,

문학적이고 문화적인 생산물들은 철학이나 정치학과 같은 다른 상부구조적 요소들뿐만 아니라 경제적 토대 그 자체에도 영향을 미친다. 그러므로 사회적 생산의 각 심급이 다른 심급들에 미치는 영향은, 그것이 최종적으로는 경제적 심급으로 환원가능하다고 할지라도, 실제로는 상호 결정의 복잡하고도 변증법적인 관계망인 것이다.

알튀세르는 엥겔스가 이 구절에서 맑스의 성년기 사유를 설명하고 있다고 보았다. 알튀세르에 따르면, 맑스는 토대와 상부구조의 관계를 전적으로 새로운 방식으로 사유했다. 헤겔은 한 사회 내에서의 삶이 갖는 다양한 측면들 각각을, 이 사회를 통합하는 어떤 단일한 원리 혹은 관념의 표현이라고 사유했다. 예를 들어, 고대 로마에서 추상적인 법적 개인의 표현을 발견하는 식이었다.

그러나 맑스의 관점에서, 문학적이고 문화적인 산물을 포함한 한 사회 내에서의 삶이 갖는 다양한 측면들은 그 사회에 대한 어떤 근본적 진리의 표현이 아니다. 오히려 그것은 한편으로는 최종 심급에서 그 사회의 경제적 토대에 의해 직접적으로 결정될 뿐만 아니라, 다양한 심급의 상부구조의 매개를 통해서도 결정된다. 다른 한편으로 이 모든 상부구조의 심급은 최종적으로 경제에 의해 결정되지만, 그 자체의 미래 발전, 다른 모든 상부구조의 심급 그리고 경제적 토대 그 자체에도 영향을 미친다. 알튀세르는 이를 상부구조의 "상대적 자율성"과 "특수한 실효성"이라 칭한다.

'상대적 자율성'이라는 말을 통해 알튀세르가 의미하고자 한 바는, 상부구조의 주어진 한 심급(예를 들어, 문학적 생산)은 그 고유의 역사를 갖고 있으며, 이 역사는 일련의 복잡한 매개를 통해서 경제 심급으로 환원 가능하다는 것이다. '특수한 실효성'이란 말을 통해 알튀세르가 의미하고자 한 바는, 상부구조의 각 심급이 경제 심급을 포함한 다른 모든 심급의 역사와 발전에 영향을 줄 수 있고 또 실제로 주고 있다는 것이다.

그러므로 맑스주의적 문제계 내에서 한 사회는, 일련의 복잡한 상호관계 내에서 서로 영향을 주고받는 상이한 심급의 활동들로 이루어져 있는 복잡한 구조이다. 여태껏 맑스는 이 관계들의 본질을 명시적으로 다루지 않았다. 알튀세르는 다음과 같이 쓴다.

> [토대]와 상부구조 간의 특정 관계들은 여전히 이론적 고안과 탐색의 대상이 될 가치가 있다. 그럼에도, 적어도 맑스는 "연결고리의 양 끝"을 우리에게 건네주었고 또 이 둘 사이에 어떤 일이 일어나는지 찾아내라고 일러 주었다. 그 양 끝의 한쪽은 **(경제적) 생산양식에 의한 최종 심급의 결정**이고, 다른 한쪽은 **상부구조 및 그 특수한 실효성이 갖는 상대적 자율성**이다.(FM : 111)

알튀세르는 정신분석학 용어를 가져다가, 정당에서 문학 텍스트에 이르는 사회 현상은 맑스주의 문제계에 따르면 '**중층결정**overdetermined'되어 있다고 주장한다. 정신분석학에서 대상들이 하나 이상의 원인을 갖고 있을 때 그것들이 중층결정되어 있다고 말한다. 그래서 어떤 꿈의 이미지가 꿈꾸는 사람의 하나 혹은 그 이상의 생각을 표상할 때 그 이미지가 중층결정되어 있다고 기술한다. 맑스주의적 문제계 내에서 사회의 모든 양상은 이와 비슷한 방식으로 중층결정되어 있다고 알튀세르는 주장한다. 다시 말해, 사회의 모든 양상은 그것을 만들어 내는 토대와 상부구조의 모든 심급에서 일어나는 사건들과 행위들이 다양한 수준에서 유발시킨 것이다. 이 절차에 대해 알튀세르는 다음과 같이 기술한다.

〔이는〕 **경제에 의한 최종 심급의 결정이라는 기초 위에 실제적 결정들** (상부구조 및 국내적·국제적 특수 환경들에서 파생된)**이 누적되는 것**으로 여겨져야만 한다.(FM : 113)

신문 기사와 소설, 혁명에 이르기까지 사회적 삶 내의 모든 주어진 사실들은 그것을 만들어 낸 사회의 경제적 토대에 의해 최종 심급에서 결정되는 동시에, 항상 사회의 다른 모든 심급들에 의해 다양한 정도로 결정된다. 실제로 알튀세르는, 경제가 어떤 역사적 사건을 결정하는 유일한 요인이 되는 그러한 심급은 결코 존재하지 않는다고 말한다. 맑스주의자들이 경제를 최종 심급의 결정적 요인으로 간주하는 이론에 입각해 주장한다고 해도, 실제로는 "'최종 심급'이란 결코 도래하지 않는다"(FM : 113)고 알튀세르는 쓰고 있다. 경제 및 상부구조의 모든 심급은

항상 서로 영향을 주고받으며 발전한다. 다시 말해, 모든 사회의 모든 역사적 심급에서 서로 영향을 주고받는다는 것이다.

앞에서 살펴본 문학의 사례, 실비아 플라스 이야기로 돌아가 보자. 그녀의 작품을 비평하는 데 알튀세르의 사회 이론이 갖는 중요성은 다음과 같다. 첫째로, 문학적 생산의 본체로서 그녀의 작품은 그것을 생산해 낸 경제적 상황에 대해 상대적으로 자율적이다. 즉, 그녀의 작품은 로버트 로웰, 테오도어 뢰트케 및 앤 섹스턴의 시 등 순수한 문학적 심급에서 명백한 선구자가 있었고 또 그로부터 영향을 받았다. 둘째로, 전반적인 사회적 요소들도 그녀의 시에 영향을 주었다. 이 요소들이야말로 그녀의 작품을 그렇게 만든 것이다.

이 각각의 요소들이 다른 요소들에 영향을 미치는 동시에, 모든 요소들은 그것들을 발생시킨 사회의 경제적 실천으로 궁극적으로, 하지만 단순하지는 않은 방식으로 환원될 수 있다. 그러므로 플라스의 작업은 1950년대 젠더 이데올로기(여성의 결혼과 가정을 특권화하는), 교육 체계(그녀에게 세계적 수준의 대학 교육을 제공한), 냉전정책, 미국 이민사(그녀의 부모는 각각 독일과 오스트리아 출생), 이민자의 고용 형태, 그들의 문화적 기대 수준(그녀 어머니의 문학적 야망과 자기 계발 훈련), 연금 및 생명보험제도(그녀의 아버지가 사망한 이후 중요해진다), 출판 산업, 노동과 보상에 대한 문화적 기대 수준, 자녀 양육 방식, 정신의학적 치료의 역사, 이혼법 등에 의해 조건지어지며, 이것들은 그녀가 생활하고 노동했던 사회적 체계의 일부이다.

알튀세르의 설명에 따르면, 이 각각의 사회적 체계는 ⓐ 상대적으로 자율적이며 고유의 특수한 역사가 있고, ⓑ 각각의 다른 체계(이 모든 체계들이 그 안에 존재하는 자본주의경제를 포함한다.)에 다양한 수준에서 영향을 미치며, ⓒ 다른 모든 체계들에 다양한 정도로 영향을 받고, ⓓ 궁극적으로 경제에 의해 조건지어진다. 그러므로 예를 들어 1950년대 미국의 젠더 이데올로기는 출판 산업, 이혼법, 자녀 양육 및 정신의학에 가장 명백한 영향을 미쳤다. 이후 제2차 세계대전의 역사(이 기간에 미국의 여성 노동력이 대규모로 유입되었으며, 1950년대의 가정 이데올로기는 제대군인이 다시 경제를 담당하게 된 이후에 생겨난 반작용이다.), 가전제품의 대량생산, 종교 이데올로기 등에 차례로 영향을 받았다. 복잡한 형태로 상호작용하는 이 각각의 사회적 체계는 궁극적으로 경제로 환원될 수 있다. 출판 산업과 소비재 생산은 분명 경제적 사안에 지배되고, 정신의학은 기술 발전과 생산에 의존하며, 대학 교육 체계와 의료 체계는 모두 자본 투자를 필요로 하고 또 이를 이용할 수 있는 특정한 소득 유형을 필요로 한다. 이것이 알튀세르의 사회 이론에서 말하는 문학비평과 문화 비평이다.

어떤 문화적 생산물은 개인적 천재성의 산물(전통적 부르주아 비평에서처럼)도, 단순히 경제의 산물(전통적 맑스주의 비평에서처럼)도 아니다. 오히려 문화적 생산물은 알튀세르가 '정세情勢 · conjuncture'라고 칭한 것의 복합적인 생산물이다. 여기서 정세란 모든 역사적 시기의 사회를 포괄하는 상호작용적 사회 체계의 복잡한 관계망을 의미한다. 이러한 사회 이론에 따른 문학비평은, 상호 영향을 주고받는 복잡한 관계망이 특정 작품을 그 작품이 되게 한 방식을 추적할 수 있다.

알튀세르는 전체로서의 사회뿐만 아니라 한 사회를 구성하는 각 심급들도 "불균형 발전의 법칙"(FM:201)에 지배된다고 설명한다. 우선, 말하자면 각 사회적 심급이 다른 모든 심급에 미치는 상호 영향은 시기에 따라 다르다는 것이다. 예를 들어, 어떤 시기에는 정치적 심급이 가장 강력한 결정력이 되었다가 그 다음으로 경제적 심급이 뒤따를 수 있다. 냉전 기간에는 명백히 핵무기의 개발과 함께 기술이 그것과 변증법적으로 연관된 경제보다도 강력한 영향력을 행사했다.

두 번째로, 알튀세르가 "지배적" 심급이라 칭한, 가장 영향력이 강한 사회적 심급 역시 그 사회가 발전함에 따라 바뀐다. 여타의 다른 심급들보다 영향력이 강한 심급은 항상 존재한다고 알튀세르는 주장한다. 한 사회는 항상 "지배 구조"를 구성한다는 것이다. '지배 구조'란 말하자면 서로 영향을 주고받으며 발전하고, 그중 하나가 절대적인 영향력을 행사하는 활동 심급의 구조이다. 바로 이것이 알튀세르가 "(한 사회의) 복잡한 총체는 지배와 연관된 구조의 통일성을 갖는다"(FM:202)고 말할 때 의미한 바이다. 이는 문학적·문화적 생산의 심급은, 그것을 만들어 내는 사회의 다른 모든 심급들 간에 일어나는 일련의 변화하는 관계로부터 영향을 받는다는 말이다.

대중매체와 통신 기술은 탈근대적 문화 생산 내에서, 예를 들자면 제2차 세계대전 이전의 근대 시기에서보다 훨씬 더 큰 영향력을 미친다. 게다가 문학적 생산의 심급과 같은 사회적 심급은 불균형하게 발전하는데, 왜냐하면 그 심급 자체가 다른 모든 심급들로부터 받는 변화무쌍한 복잡한 영향으로 결정되기 때문이다. 이 이중의 불균형(사회적 활동의 각 심급이 이루는 불균형과, 각 심급들 간의 관계가 이루는 불균형)이 사회를 바라보는 맑스주의적 관점이 갖는 가장 근본적인 특징이라고 알튀세르는 주장한다. 맑스주의 문제계의 관점에서 한 사회는 바로 그 심급들 간의 일련의 불균형한 관계로 이루어져 있다.

| 실천 |

사적유물론의 과학에 대한 알튀세르의 설명을 이해하려면, 맑스주의 문제계가 갖는 측면을 하나 더 살펴보아야 한다. 여태까지 우리는 사회를 구성하는 다양한 '심급들'에 대해 논의했다.(경제적 심급, 정치적 심급 등) 알튀세르는 맑스주의 문제계 내에서 이 각각의 심급은 **실천**으로 규정될 수 있다고 주장한다. 그러므로 알튀세르는 "사회적 실천"에 대해 말하는데, 이 말을 통해 그는 한 주어진 사회에 존재하는 다양한 실천 형식의 총합을 의미하고자 한다. 각각의 활동 '심급'은 또한 실천의 한 형식이기도 하며, 그렇기 때문에 한 사회는 경제적 실천, 정치적 실천, 이데올로기적 실천(문학적 생산의 실천도 여기에 포함된다.) 등으로 이루어진다. 알튀세르는 이 용어를 다음과 같이 규정한다.

실천이라는 말로서 전반적으로 나는 어떤 일정한 원료를 일정한 **생산물**로 바꾸는 모든 변형 절차를 의미하고자 한다. 이 변형은 일정한 ('생산')수단을 사용한 일정한 인간 노동에 의해 결과된 것이다. 이렇게 이해된 모든 실천 내에서 결정적 순간(혹은 요소)은 원료도 아니고 생산물도 아닌, 좁은 의미에서의 실천이다. 요컨대, 특정 구조 내에서 인간, 수단 및 이 수단을 이용하는 기술적 방법이 작동 가능하도록 설정해 주는 **변형 노동** 그 자체의 순간이다.(FM : 166)

알튀세르의 설명에 따르면, 실천의 본질은 노동이다. 이는 사람들이 주어진 일련의 기술, 도구 및 조직화 형식을 사용하여 원료가 완성품으로 변형되는 절차이다. 경제적 실천 내에서 방직 노동자의 산업적 노동을 통해 자연적 재료(천 등)는 생산물(의복 등)로 변형된다. 정치적 실천 내에서 사회적 관계의 원료는 정치적 조직의 활동 및 이 조직들이 바탕으로 삼는 정책들에 의해 새로운 사회적 관계의 생산물로 변형된다. 사회를 구성하는 모든 활동 심급은 특정한 일련의 원료, 생산수단 및 완성품을 수반하는 이러한 유형의 실천으로 이루어져 있다. 뒤에서 보게 되겠지만, 알튀세르주의 문학비평은 문학적 생산의 실천을 다양한 방식으로 이해했으나 우선은 다음과 같은 점을 지적할 수 있다.

맑스주의 문제계에 대한 알튀세르의 설명 내에서 문학적 생산은 한 사회에서 작동하는, 인민의 삶에 관한 이데올로기적 표상을 원료로 한다. 예를 들면 한 작가가 갖는 일련의 이데올로기적 믿음(작가의 철학, 종교, 정치적 신념 등) 및 그 자신의 역사적 사건이 그것이다. 그리고 작가의 생산수단은 일련의 문학적 장르, 작가가 사용할 수 있는 표현 형식, 작가가 작품 활동을 하는 사회 내에서 이루어지는 출판·배급·소비의 형태 및 작가의 상상력(그것이 발휘되는 사회적 조건으로 결정되는)이다.

| 알튀세르주의 문학비평

맑스주의 사회과학에 대한 알튀세르의 설명에서 도출되는 문학비평의 예는, 맑스주의 비평가 테리 이글턴Terry Eagleton의 초기 작품인 《권력의 신화들: 브론테에 대한 맑스주의적 연구Myths of Power : A Marxist Study of the Brontës》(1975)에서 발견할 수 있다.

이글턴은 알튀세르의 중층결정 개념에 의거하여, 브론테 자매의 작품을 그것을 생산한 복잡하고도 상호 결정적인 실천 심급 내에 위치시킨다. 이글턴은 브론테 자매가 작품 활동을 하던 시기 요크셔 웨스트라이딩의 토지귀족과 산업 부르주아지 간의 경제적 관계를 설명하면서 시작한다. 그런 다음 이 지역의 정치사를 분석하는데, 그에 따르면 이 정치사는 "매우 복잡한 동시에, 확실히 경제적 이해관계의 표현으로 직접적으로 환원될 수 없다".(Eagleton 1988 : 6)

브론테 자매의 사회적 상황을 경제적·정치적 맥락에 위치시켰을 때, 그들은 프티 부르주아 성직자의 교육받은 딸들로서 자본과 사회적 영향력의 부족으로 학비를 충당할 수 없었고, 결국 가정교사가 됨으로써 "'상류층' 빈민의 아들딸을 착취하려고 부자들이 설정해 놓은 교육적 기계장치에 갇히게 된다".(Eagleton 1988:10) 그리하여 이 자매가 자신들의 사회적 상황을 이해하는 방식은, 낭만주의적 상상력과 산업사회의 물질주의적 실용주의 사이에 위치한 문화적 실천의 폭넓은 심급에서의 투쟁으로 더욱 중층결정된다고 이글턴은 주장한다.

> 브론테 자매의 상황은 바로 (알튀세르적) 의미에서 중층결정되어 있다고 생각한다. 본서에서 초점을 맞추고 있는 주요 역사적 갈등(지주와 산업자본 사이의 갈등)은 다수의 부차적 요인으로 브론테 자매에게 첨예하고도 복잡한 것이 되었다. 그들은 토지와 산업 간의 갈등이 유난히 적나라한 양상(순수하게 농업적이거나 산업적인 지역보다도 분명히 더 적나라한)으로 드러난 지역에 살게 되었다. 이 동일한 지역에서는 …… 노동계급의 투쟁이 최고조에 달해 있었다. …… 게다가 확산 중에 있는 이러한 사회적 갈등은 자매의 개인적 상황으로 더욱 강화되었다. 우선, 그들은 사회구조 내에서 매우 분명치 않은 지점에 놓여 있었다. 그들의 아버지는 '종신목사'라는 낮은 지위의 성직자였으며, 이는 그를 빈곤의 구렁텅이로 몰아넣었다. …… 게다가 이 자매는 사회적으로 불안정한 **여성**, 즉 잔혹하게 억압받는 집단의 구성원으로서, 그들의 고통스러운 상황은 더욱 광범위한 착취를 반영한다. 그리고 그들은 **교육받은** 여성으로서, 문화와 경제 사이(상상적 열망과, 그들을 단지 '고급' 하녀로만 사용할 수 있었던 사회의 차가운 진실 사이)의 거

의 참을 수 없는 교착 상태에 빠져 있었다. …… 설상가상으로 그들은 유년기에 유달리 잔혹한 이데올로기적 억압, 즉 칼뱅주의를 감내해야만 했다.(Eagleton 1988:8)

이처럼 중층결정 개념에 의거하여 이글턴은 알튀세르 문학비평 이론의 논리를 따라간다. 이글턴은 브론테 자매의 작품을 그것을 생산해 낸 상호 결정적인 사회적 실천의 복합적 산물로 해석한다. 그런데 《권력의 신화들》 2판(1988) 서문에서 본인도 인정하듯, 이 연구에는 결함이 있다. 특히 이 책 서문에서 이글턴이 전개한 이론은 책의 전체적인 비평 작업에 잘 통합되지 않는다. 그는 다만 문학비평에 관한 알튀세르 사회이론의 논리를 이해하는 데 반드시 필요한 경제적 · 정치적 · 이데올로기적 분석을 수행했을 뿐이다. 이글턴은 본인이 충분히 고려하지 못한 사회적 실천의 심급들이 있다는 것을 깨닫는다. 특히 젠더 정책의 심급은 나중에 브론테 자매의 작품 분석에서 지배적 실천으로 간주하게 된다.

비록 이글턴의 연구가 문학비평에 대한 알튀세르적 맑스주의가 요구하는 결과를 완벽히 끌어내지는 못했을지 몰라도, 이글턴은 분명 이를 시도했다. 맑스주의 사회 이론의 논리에 따라, 브론테 자매의 문학작품은 일련의 복잡한 사회적 실천으로 중층결정된 산물로 해석되었다.

최종 심급과 중층결정

이 장에서는 알튀세르의 맑스 해석에 대해 논의했다. 알튀세르는 자신의 해석이 맑스 사유에 대한 당대의 오해에 맞서 맑스의 사유를 진정으로 재건하는 것이라 여겼다. 알튀세르는 모든 사유 체계가 그 자체의 '문제계' 혹은 개념 체계에 내적으로 통합되어 있다고 주장한다. 그 어떤 개념도 그것을 정식화한 문제계로부터 분리시켜서 이해할 수 없다. 이는 맑스의 초기 작업이 전적으로 혹은 부분적으로도 맑스주의적이지 않고, 오히려 맑스주의와는 전적으로 이질적인 문제계의 관점, 즉 휴머니즘의 관점에서 집필되었음을 의미한다. 1845년에 맑스의 사유에 '인식론적 단절'이 일어나는데, 이 단절 내에서 맑스는 자신의 초기 작업에 존재하는 휴머니즘적 이데올로기를 거부하고 사적유물론이라는 과학을 창시한다. 알튀세르는 이 과학의 원리에 따르면 한 사회는 다양한 심급의 '실천' 혹은 노동으로 이루어진 복잡하게 구조화된 총체이며, 그 안에서 특정한 원료는 특정한 생산수단을 통해 완성품으로 변형된다고 주장한다. 경제적 실천이 최종 심급에서 항상 다른 실천들을 결정함에도 불구하고, 실제로는 정치적 혁명부터 문학 텍스트에 이르는 사회적 실천의 여러 심급에서 일어나는 것은 모두 다양한 수준에서 다른 모든 심급에 의해 결정된다. 알튀세르는 이 복합적이고도 불균형한 결정 절차를 '중층결정'이라 칭한다. 사회에 대한 이러한 설명에 따르면, 문학적 생산 역시 이러한 생산이 이루어지는 사회 내의 모든 여타의 실천이 문학적 생산에 행사하는 복잡한 일련의 영향력을 통해 중층결정된 실천이다.

제 3 장

해석의 정치전략
: 해석에 대한 시론

Louis Althusser

이제부터 보게 되겠지만, 알튀세르는 독특한 해석 방식을 사용해 자신만의 맑스 해석을 이끌어 낸다. 알튀세르는 이 해석의 원리를 맑스 자체에서 발견하였다. 알튀세르는 이 방법을 "징후적 해석"이라고 불렀는데, 그 이유는 이 방법이 정신분석학자들이 환자(알튀세르의 경우 텍스트의 저자)가 [스스로] 그 의미를 모르고 있는 징후를 해석하는 방식과 유사한 방식으로 텍스트 독해에 참여하기 때문이다. 이번 장에서는 이 독해법을 검토해 볼 것이다. 알튀세르는 이 방법이 맑스의 《자본론》에서 작동하고 있다고 보았고, 이후 이를 맑스의 텍스트에 다시 적용한다. 이론적인 텍스트에 대한 알튀세르의 징후적 독해는 문학 텍스트가 어떻게 징후적으로 독해될 수 있고 또 독해되어야 하는지에 대한 의문을 불러일으킨다.

이 의문에 답하고자 알튀세르의 제자였던 피에르 마슈레Pierre Macherey(1938~)로 관심을 돌리고자 한다. 마슈레는 알튀세르의 맑스 해석이 문학비평에 일으킨 결과에 입각해 연구를 시작하였다. 알튀세르는 맑스가 창시한 사적유물론이라는 과학을 명확히 하였고, 마슈레는 이 과학으로부터 결과되는 문학 이론과 비판적 실천을 만들어 내었다. 이번 장의 두 번째 부분에서는 마슈레가 알튀세르의 저작에서 끌어내는 문학 이론을 검토할 것이다. 마슈레는 문학을 이데올로기라는 원재료로부터 텍스트를 생산해 내는 절차로 기술한다. 문학 텍스트에 대한 마슈레의 징후적 독해를 점검한 뒤에는 알튀세르가 1967년 이후 줄곧 전개한 철학에 대한 두 번째 정의, 요컨대 "이론상의 계급투쟁"을 검토해 보고 이 정의로부터 결과되는 문학비평의 정치 전략을 분석할 것이다.

| 징후적 독해 |

초기 저작에서 알튀세르는 맑스의 사유가 이른바 "독해라는 종교적 신화"(RC:17)에 의존하고 있다고 주장한다. 이 독해의 신화에 따르면 세계는 일종의 신성한 기록, 즉 우리에게 진실되게 말하는 일종의 텍스트이다.

맑스는 자본주의 생산에서 인간의 본질이 소외되는 것을 눈으로 읽어 낸다. 그의 작업이 함축하듯이, 맑스는 단지 주위를 살펴보기만 해도 인간 본성의 진실과 그 소외를 볼 수 있었던 것이다. 하지만 인식론적 단절 이후 알튀세르는 맑스의 저작에서 "우리에게 새로운 독해 이론을 제공할 수 있는 역사 이론"에 기초한 "새로운 독해의 실천"을 발견한다.(RC:18) 이 새로운 이론과 실천은 우선 《자본론》에서 발견된다. 알튀세르가 지적하듯이, 맑스는 《자본론》에서 부단히, 때로는 길게 과거의 경제학자들을 인용한다. 얼핏 보면, 선구자들의 글에서 그릇된 부분을 비판하고 진실인 바를 드러내어 자신의 주장을 뒷받침하려는 것처럼 보인다. 그러나 좀 더 자세히 검토해 보면 맑스의 해석 실천은 이보다 훨씬 복잡하다고 알튀세르는 주장한다. 구체적으로는 "이중의 해석" 혹은 "두 상이한 독해의 원리를 내포하고 있는 독해"이다.(RC:18)

그중 첫 번째 원리는 단순하다. 첫 번째 유형의 독해에서 "맑스는 그 선구자들의 담론을 자신의 담론에 입각해 독해한다"고 알튀세르는 말한다. 맑스는 자기 이전의 경제학자들의 저작(예를 들어, 애덤 스미스(1723~1790)의 저작)을 자기 저작의 결과에 입각해 독해한다. 그래서 애덤 스미스Adam Smith가 경제학 분야에서 발견한 바를 지적하고, 또 그가 보지 못한 것을 지적한다. 알튀세르에 따르면, 이런 종류의 독해에는 인식 이론이 함축되어 있다. 즉, 인식이 궁극적으로는 일종의 시각으로서 사유되는 그런 이론이 함축되어 있다는 것이다. 맑스에 따르면, 애덤 스미스는 어떤 경제적 사실들은 보았지만 이와는 다른 경제적 사실들은 보지 못했다. 이러한 경제적 사실들이 애덤 스미스의 저작에 부재하는 것은 스미스가 그것을 '간과'했음을 의미한다. 알튀세르는 이러한 독해의 논리를 다음과 같이 기술한다.

이러한 인식 개념의 논리에서는 인식으로 이루어진 모든 작품이 원리적으로 단순한 **시각** 관계의 재확인으로 환원되고, 인식 대상의 전반적인 속성은 **주어진** 것의 단순한 조건으로 환원된다.(RC:19)

다시 말해, 알튀세르는 《자본론》에서 맑스가 행하는 첫 번째 유형의 독해에서 경제 분석의 대상들은 단순히 주어져 있고 세계의 "어딘가에" 있다는 전제를 발견한다. 그래서 맑스처럼 예리한 경제학자는 그것을 볼 수 있지만, 그보다 덜 예리한 애덤 스미스 같은 경제학자는 그것을 보지 못한다.

그러나 이것이 《자본론》의 유일한 독해 원리는 아니다. "맑스에게는 첫 번째 독해와 공통점이 전혀 없는 **완전히 다른 두 번째 독해가 존재한다**"고 알튀세르는 쓴다.(RC:19) 그리고 그 일례로 《자본론》 19장의 임금에 관련된 한 구절을 인용한다. 여기서 맑스는 지난 200년간을 대표하는 경제학자들이 노동가치(즉, 노동자의 임금은 어떻게 결정되는가)와 관련된 논의에서 **노동력**이라는 핵심 개념을 정식화하는 데 실패했다고 주장한다. 맑스의 관점에서 보면, 자본가는 노동자의 노동력(다시 말해, 이러저러한 특수한 방식으로 노동할 수 있는 능력)을 구입한 덕분에 잉여가치 혹은 이윤을 생산할 수 있다. 그리고 자신이 생산을 위해 지불한 값보다 비싸게 상품을 판매한다. 이것이 어떻게 가능한가? 맑스의 관점에서 보면, 이는 노동력의 특수한 가치 때문이다.

한 상품의 가치는 그것을 생산하는 데 든 비용의 총액이라고 맑스는 간주한다.(1867년에 통용되던 이론이었으나 대부분의 경제학자들은 그렇게 생각하지 않았다.) 따라서 노동자 노동력의 하루 가치는 노동자가 노동자로서 자신을 매일매일 생산해 내는 데 지불한, 즉 먹고 입고 거주하는 등의 일에 드는 비용의 총체이다. 노동자가 이와 같은 가치의 총액을 생산하는 데(다시 말해, 이 정도의 비용이 드는 상품들을 생산해 내는 데) 6시간이 걸리는데 하루에 12시간 노동을 한다면, 후반부의 6시간은 자본가의 이윤을 생산하는 데 사용한 것이다. 전반부의 6시간에서 고용주는 임금에 투자한 가치의 총량을 회수한다. 하지만 후반부의 6시간을 통해 다른 가치(노동자 노동의 산물)를 공짜로 획득한다. 바로 그렇기 때문에 자본주의는 착취 체제라는 것이다. 자본주의는 노동자가 하는 일의 양만큼의 임금을 지불하지 않는 자본가에게 의존하기 때문이다. 노동자는 자신이 하루에 일한 만큼 임금을 받는 것처럼 보인다. 하지만 실제로는 노동자로서 자신을 유지하기 위해 드는 비용의 총액과 등가적인 상품 총량을 생산하기 위해 소모한 하루 노동력의 일부에 대해서만 임금을 받는다. 하루의 나머지 시간 동안에는 자기 노동력을 무보수로 허비한다. 그러므로 경제학에서 노동과 노동력의 구분은 중요하다. 이러한 구분을 하지 않고 자본주의적 생산에서 노동자는 하루 노동한 것에 대해 임금을 지급받는다고 말할 수도 있지만, 이는 진실이 아니다. 노동자는 하루 종일 노동력을 소모해야 하지만, 그가 받는 임금은 그가 제공한 노동력의 일부에 대한 대가일 뿐이다.

이것은 과거의 경제 연구가 혼동한 두 개념과 관련해 맑스가 하는 말이다.

고전 정치경제학자들은 자신들이 우연적인 노동 가격으로부터 진정한 노동가치로 거슬러 올라갔다고 믿었다. 그리고 나서 고전적 정치경제학자들은 노동자가 노동을 유지하고 재생산하기 위해 필요한 생필품의 가치를 통해 노동가치를 결정하였다. 그러므로 고전 정치경제학자들은 그때까지 **그들 연구의 명확한 대상**이었던 노동가치를 노동력의 가치로 대체시킴으로써 그들은 부지불식간에 **영역을 바꿔 버렸다.** 노동력은 노동자 자신에게만 존재하는 힘이고, 또 그것은 기계가 그 성능과 다른 것과 마찬가지로 노동력의 기능, 즉 노동과 다른 것이다. …… 그러므로 이러한 분석의 결과는 **애초에 제기되었던 문제의 해결이 아니라 이 문제에 대한 용어상의 완전한 변화**였다.(RC:20–21)

이것은 알튀세르가 《자본론》에서 맑스가 행한 두 번째 부류의 해석이라고 묘사한 것의 일례이다. 첫 번째 부류의 해석에서 맑스는 예전의 경제학자들이 주어진 대상을 보지 못했다고 비판했고, 두 번째 부류의 해석에서는 그들이 보았으나 본 것을 이해하지 못했다고 비판한다. 이와 관련해 알튀세르는 다음과 같이 쓰고 있다.

그러므로 간과란 남들이 보는 것을 보지 않는 것이다. 간과는 이제 더 이상 대상과 관련되는 것이 아니라 **시각** 그 자체와 관련된다. 간과란 **가시성**과 관련된 간과이다. 그러므로 비–가시성은 가시성 내에 있고 가시성의 한 형태이며 그러므로 가시성과 필연적인 관계를 맺고 있다."(RC:21)

이 두 번째 부류의 독해를 통해 볼 때 또 다른 인식 이론이 첫 번째 부류의 독해에 내포된 인식 이론에 함축적으로 표현되어 있음이 분명하다고 알튀세르는 주장한다. 인식은 더 이상 가시성이나 주어진 대상의 형식으로 간주될 수 없다. 왜냐하면, 맑스에 따르면 주류 경제학자들은 그들의 분석 영역 내에서 어떤 대상을 보고도 그것을 이해하는 데에는 이르지 못했기 때문이다. 인식은 절차이고, 그러므로 이 절차 내에서 주시하고 있는 것을 볼 수 없는 경우가 생길 수 있다.

어떻게 이것이 가능할까? 알튀세르는 맑스의 독해 작업을 상세하게 다룬다. 맑스가 고전 경제학 텍스트를 독해하는 것의 핵심은 다음과 같다. 즉, 경제학자들은 일종의 정확한 답변을 끌어내었다는 것이다. 그들은 "노동의 가치는 무엇인가?"라는 물음을 던졌고 "노동의 가치는 노동을 유지하고 재생산하기 위해 필요한 생필품의 가치"라고 답했다. 맑스는 이 답변이 **결코 제기되지 않았다는 결점만을 가지고 있는 질문에 대한 적합한 답변**(RC:22)임을 깨달았다고 알튀세르는 지적한다. 사실 이 질문은 "노동**력**의 가치는 무엇인가"라는 문제에 대한 답변이다. 맑스는 어떻게 이 점에 주목하게 되었을까? 고전 경제학이 내놓은 답변이 이치에 맞지 않았기 때문이다.

'노동의 유지와 재생산'이라는 구절이 의미하는 바는 무엇일까? 그것이 의미하는 바는 없다. '노동자'의 유지 및 재생산이라고 하면 의미가 있지만, '노동'이라고 말하면 의미가 없다. 고전 경제학이 한 답변을 우리가 "노동가치는 노동자의 유지와 재생산을 위해 필요한 생필품의 가치"로 교정한다 해도 여전히 그것은 이치에 맞지 않는다. 경제학자들 고유의 용어에 의하면, 상품의 가치는 그것을 생산하는 데 든 비용과 등가적이다. '노동'이라는 상품의 가치는 그러므로 '노동자'라는 상품을 유지하고 재생산하는 데 드는 비용으로 정의될 수 없다. 임금으로 살 수 있는 것은 노동자가 아니라 그의 노동이다. 따라서 맑스는 자기 이전의 경제학자들의 텍스트에 '공백' 혹은 '부재'가 존재한다는 것을 보여 준다. 그들이 한 "노동의 가치란 무엇인가?"라는 질문에 그들이 끌어낸 답변이 부합하려면 다음과 같이 바뀌어야 한다.

> 노동(   )의 가치는 노동(   )의 유지와 재생산에 필요한 생필품의 가치와 등가적이다.(RC : 22)

알튀세르가 강조하듯이, 맑스는 이 빈 괄호들을 외부로부터 텍스트에 부과한 것이 아니다. 오히려 텍스트 자체가 여기서 침묵을 암시하고 있음을 보여 주었다. "노동가치란 무엇인가?"라는 물음 내에는 잘못된 것이 전혀 없다. 맑스가 주목한 것은, 이 물음에 대한 경제학자들의 답변이 그것이 표현되는 형식으로는 의미를 가질 수 없기 때문에 의미를 가지려면 다른 항이 보충되어야 한다는 것이다. 이러한 보충이 이루어지면 그 답변은 경제학자들이 제기하지 않은 물음, 요컨대 "노동력의 가치란 무엇인가?"라는 물음에 대한 답변이 되어야 한다. 이것이 바로 맑스가, 경제학자들은 자신들이 제기한 문제를 해결하는 대신에 사실상 용어만을 바꾸어 버렸다고 했을 때 의미한 바이다. 알튀세르는 다음과 같이 쓴다.

> 맑스는 경제학자들의 **답변** 안에 빈 상태로 언표되지 않은 형태로 존재하고 있는 개념, 또 이 답변 안에 충만하게 현전한 나머지 이 빈 상태를 현전의 빈 상태로써 드러내 주는 개념을 단순히 언표함으로써 언표되지 않은 **문제**를 제기할 수 있었다.(RC:23)

이것이 맑스가 《자본론》에서 행한 두 번째 부류의 독해였고, 이는 맑스 후기 저작의 가장 특징적인 작업이었다. 맑스는 이 작업을 통해 의미상 간극이나 모순을 지닌 텍스트가 진정으로 의미를 갖는 데 필요한 실종된 항들을 회복시킨다.

알튀세르는 이런 부류의 독해를 '징후적 독해'라고 기술한다. 그는 정신분석학자가 자신이 분석하는 환자의 징후를 무의식적인 정신의 절차로 해석하는 그런 절차를 염두에 둔다. 정신분석학에서는 평범한 말이 갖는 특이한 요소들조차도 신경증의 징후와 같은 무의식적 사유의 징후로 해석될 수 있다. 그 고전적인 예가 '프로이트적 실언', 즉 신랑이 신부의 들러리들에게 "특별히 감사하고specially thank" 싶다는 말 대신에 그들의 "엉덩이를 때리고spank" 싶다고 말하는, 명백한 실언이지만 그 속에 무의식적인 사유를 진솔하게 담고 있는 실언이다. 맑스의 두 번째 부류의 독해 실천을 '징후적'이라고 기술함으로써 알튀세르는 맑스가 정신분석학자가 환자의 담론을 해석하는 방식과 유사한 방식으로 경제학자들의 고전 텍스트를 독서했다고 빗대어 말한다. 맑스는 텍스트들의 의미 내에서 발생하는 장애에 관심을 기울였던 것이다. 그는 이 장애를 다른 것, 즉 씌어지지 않은 다른 텍스트의 현전의 징후, 경제학자들이 표현하고자 했던 것과는 다르고 더 근본적인 일련의 관념들의 징후라고 해석한다. 알튀세르는 이런 종류의 독해 작업을 다음과 같이 기술한다.

> 〔이것은〕 우리가 **"징후적"**이라고 감히 말할 수 있는 독서이다. 왜냐하면 그것은 그것이 독해하는 텍스트 내에서 드러나지 않은 것을 독해하고 또 이 동일한 활동을 통해 이 텍스트를 **다른 텍스트**, 즉 첫 번째 텍스트에 필연적인 부재로서 현전하는 이 다른 텍스트를 드러내 보여 주기 때문이다. 그의 첫 번째 독해와 마찬가지로 맑스의 두 번째 독해는 **두 텍스트**의 존재를 전제하고 있고, 두 번째 텍스트에 입각한 첫 번째 텍스트의 평가를 전제로 하고 있다. 무엇보다 이 새로운 독해와 과거 독해를 구별 짓는 것은, 새로운 독해에서는 **두 번째 텍스트**가 첫 번째 텍스트 내에 존재하는 과오와 연결되어 있다는 것이다.(RC:28)

다시 말해서, 징후적 독해에서는 독자가 자신의 관념 틀에 입각한 분석을 통해 독해하는 것이 더 이상 문제가 되지 않는다. 오히려 텍스트 내에 존재하는 간극, 모순 그리고 다른 논리적 결함을 해명하고, 그러고 나서 이러한 관념들에 비추어 독서를 하는 것이 중요해진다. 알튀세르가 취하는 정신분석학적 은유인 징후적 독해는, 한 텍스트의 무의식적 사유를 복원하고 그것을 이러한 사유에 입각해 해석하는 것이다.

징후적 독해의 결과는 독해된 텍스트의 성격에 따라 다르다. 맑스가 고전 경제학의 텍스트를 독해하고 지적하는 이 텍스트의 논리상 결함은, 한편으로는 경제학자들이 다른 한편으로는 맑스가 그 안에서 사유하는 그런 상이한 문제계들로부터 결과된 것이라고 알튀세르는 주장한다. 맑스 이전의 경제학은 맑스가 이해했던 방식으로, 즉 자본가가 노동자에게 임금을 전부 지급하지 않음으로써 이윤을 얻는다는 개념으로 노동력 개념을 이해할 수 없었다. 왜냐하면 경제학자들은 맑스가 자본주의적 생산양식을 분석할 때 사용한 개념틀과는 다른 개념틀 속에서 사유하였기 때문이다.

그러므로 알튀세르에 따르면, 고전 경제학 텍스트가 노동과 관련한 담론에서 간극과 모순 상태에 있는 노동력 개념을 언급할 때 경제학자들의 담론 논리는 그들을 노동력 개념 쪽으로 유도하였지만, 이 담론이 이데올로기적 문제계를 통해 표현되었기 때문에 이 개념을 있는 그대로 정의하거나 논의할 수 없었다. '노동력' 개념은 사적유물론이라는 문제계의 일부이고, 이 문제계를 통해 표명된 담론 내에서 직접 출현할 수밖에 없었다. 물론 맑스 이전의 주류 경제학자들도 맑스주의자들이 '노동력'이라 부르는 현상이 있음을 일고 있었다. 그러나 그들은 맑스주의 문제계 내에서 사유하지 않았기 때문에 노동력을 개념화하거나 심지어 명명조차 할 수 없었다. 그들은 노동력을 의식하지 않았다. 맑스는 노동에 대한 그들 담론의 이 무의식적 양태를 그 담론의 간극과 결함 속에서 발견해 낸 것이다.

알튀세르는 맑스 안에 이러한 독해 방식이 존재한다는 것을 보여 주고 나서, 이 방식을 맑스 자신의 텍스트에 적용한다. 맑스 독해의 논리는 다음과 같이 진행된다. 맑스는 사적유물론이라는 과학을 창시하였고, 이것은 우리가 텍스트를 독해하는 방식에 영향을 미쳤다. 즉, 텍스트는 징후적으로 독해될 수 있다는 결과를 발생시켰다. 그러므로 맑스주의의 과학적 원리에 따라 맑스의 텍스트를 독해하려면 맑스의 텍스트 역시 징후적으로 독해해야 한다는 것이다. 알튀세르가 간파했듯이 이것은 순환논법이다. 알튀세르는 이를 다음과 같이 정당화한다. 모든 해석은 순환적이다. 즉, 우리는 항시 우리가 해석하는 텍스트 그 자체로부터 텍스트를 어떻게 해석해야 하는지 그 방법을 배우고 있다. 이 '해석학적 순환'의 맑스적인 버전은 우리가 맑스의 텍스트에 입각해 맑스주의 과학을 배우고, 또 맑스의 텍스트에 입각해 이 과학을 배우면 배울수록 이 텍스트가 담고 있는 과학을 이해하기 위해 그 텍스트를 해석하는 방법을 더 많이 배우게 된다는 것이다.(FM:38-39)

알튀세르가 "독해에 대한 종교적 신화"라고 명명한 바가 함축적인 인식 이론에 토대를 두고 있었던 것처럼, 징후적 독해라는 맑스주의적 방법도 사정은 마찬가지다. 전자가 인식을 일종의 시각으로 본다면, 후자는 일종의 생산이라고 생각한다. 2장에서 살펴보았듯이 알튀세르의 맑스 독해에 따르면, 사회 내의 모든 실천은 생산의 절차이다. 모든 실천은 일련의 원료를 일련의 생산수단을 사용해 생산물로 만들어 낸다. 인식을 생산해 내는 실천(문학비평과 문화 연구를 포함한 인간과학과 자연과학)의 경우에도 이는 사실이다. 인식은 일련의 원재료를 통해 만들어지는 것이다. 알튀세르가 보기에 이는 세계에 대한 다소 단순한 개념혹은 해석이다. 인식을 생산하는 수단은 과학자들이 그 안에서 사유하는 그런 문제계이다. 여기에서의 생산물은 인식이다. 문학비평과 문학작품 인식이 그러하다. 맑스가 경제 텍스트에서 그 간극과 모순을 독해해 낸 것은, 경제 텍스트의 저자들이 노동력 개념이라는 인식을 만들어 내고도 이데올로기적인 문제계 내에서 글을 썼기 때문에 그 개념을 있는 그대로 이해하고 논의할 수 없었기 때문이라고 알튀세르는 주장한다.

그렇다면 알튀세르가 독해해 낸 맑스의 텍스트 내에 있는 결함은 어떻게 설명할 수 있을까? 맑스는 새로운 문제계를 발견했지만, 그것을 발견하는 절차가 지나치게 길고 난해했다. 애초에 맑스는 이 문제계를 무無로부터 창조해 내야 했기 때문에 그가 발견한 새로운 개념 체계를 표현할 언어를 갖고 있지 않았다. 맑스는 자신이 말하려는 바를 무수한 은유로 표현했고, 그의 과학적 사유 체계도 그런 언어로 부지불식간에 정식화된 것이다. 혹은, 맑스는 자신이 이 문제계를 처음 제기한 저작의 해당 부분이 아닌 다른 부분에서 문제에 답했을 수 있다. 어느쪽이든지 간에, 텍스트가 특정 분석 영역의 인식을 만들어 내고도 이 인식을 직접 표현할 수 없는 모든 경우에 맑스주의적인 징후적 독서가 가능하다고 알튀세르는 보았다.

| 피에르 마슈레 : 텍스트와 이데올로기 |

《자본론을 읽는다》에서 알튀세르는 이론적 텍스트의 독해에 관심을 기울인다. 하지만 그는 저작 안에서 사적유물론이라는 과학이 문학 텍스트를 독해하는 작업에도 영향을 미친다고 거듭 말한다. 예를 들어, 그는 《자본론》 프랑스어판 서문에서 다음과 같이 쓰고 있다.

> '인간과학'과 사회과학 분야에 종사하는 전문가들, 요컨대 경제학자, 역사학자, 사회학자, 사회심리학자, 심리학자, 예술사 및 문학사 연구자, 종교적 이데올로기와 여타 이데올로기의 역사를 연구하는 자, 그리고 심지어는 언어학자와 정신분석학자 등 모든 전문가들은 맑스가 창설한 과학이 필수불가결하다는 것을 깨닫지 못할 경우 자신들의 전문 분야에서 진정으로 과학적인 인식을 생산해 낼 수 없다는 것을 알아야 한다.(LP:72)

《문학생산이론Pour une Theorie de la Production Litteraire》(1966)에서 알튀세르의 제자 피에르 마슈레는 알튀세르의 맑스 해석이 문학 이론과 비평에 미치는 영향을 간파하기 시작한다. 사적유물론이라는 맑스주의 과학에 대한 알튀세르의 정식화를 토대로, 마슈레는 과학적인 문학 이론을 정식화하고 과학적인 문학비평을 실행하기 시작한다.

문학작품에 대한 그릇된 이데올로기적 표상에 대립되는 진정한 인식을 생산해 내려면, 문학비평은 너무나 오랫동안 문학의 특징이 되어 온 이데올로기적 오류를 피해야 한다고 마슈레는 주장한다. 특히 "해석상의 오류"를 피해야 한다. 해석상의 오류에 따르면, 비평의 기능은 작품 안에 내포되고 작품으로 표현된 의미를 상술하는 것이다. 마슈레는, 문학작품은 그가 '해석적' 비평이라고 부르는 그런 종류의 비평이 상술할 만한 단일하거나 통일된 의미를 간직하고 있지 않다고 본다. 바로 이 점이 그가 해석적 비평을 이데올로기적 오류로 묘사함으로써 의미하고자 하는 바이다.

마슈레가 보기에 문학작품이 정합적인 의미 체계를 가지고 있다는 믿음은 문학작품이 개별 저자의 창조물이라는 믿음과 밀접하게 연관되어 있다. 이 믿음에 따르면, 저자는 사전에 자신이 말하고 있는 바를 알고 있고 작품 속에서 이 의도를 표현한다는 것이다. 그러나 알튀세르가 상술하는 방식으로 맑스가 우리에게 보여 주듯이 관념 형성과 표현의 절차는 사회의 역사 안에서 발생하고 사회의 역사에 의해 결정된다. 그러므로 문학작품은 개인의 정신이 '창조한 것'이라고 간주될 수 없으며, 오히려 사회적으로 결정된 생산 절차의 산물인 것이다. 이 절차가 갖는 특성의 결과로서의 문학작품은 마치 견과류의 껍질이 알맹이를 내포하고 있는 것처럼 단순히 저자가 거기에 표현하고자 의도한 의미만을 간직하고 있는 것이 아니라 상이하고도 상충하는 많은 의미로 구성되어 있다고 마슈레는 주장한다. 마슈레는 다음과 같이 쓴다.

> 비평적 오류의 원circle으로부터 벗어나기 위해 우리는 다음과 같은 이론적 가설을 제시해야만 한다. 즉, 작품은 작품에 완결된 형식을 부여함으로써 자신이 숨기고 있는 의미를 간직하고 있는 것이 아니다. 작품의 필연성은 그 작품이 갖는 다양한 의미에서 발견된다. 작품을 설명한다는 것은 이 분산의 원리를 확인하고 식별하는 것이다. **다소 명백하게 비평 작업을 늘 따라다녔던 작품에 대한 통일성 가정은 이제 폐기되어야 한다.** 요컨대 작품은 (객관적이든 주관적이든) 어떤 의도가 **만들어 낸 것**이 아니다. 작품은 그것을 결정하는 조건들 하에서 **생산된 것**이다.(Macherey 1978:78)

문학작품은 그 생산 조건의 결과로서 상이한 의미들의 복잡하고 상충적인 일련의 관계를 포괄한다고 마슈레는 생각한다. 문학작품은 통일성을 갖고 있지 않다. 또 문학비평이 종종 가정해 왔듯이 문학작품은 총체적이거나 완결된 것도 아니다. 오히려 문학작품은 "불완전"하거나 "불충분"하다. 아니면 마슈레가 가장 정확히 표현하고 있듯이 "분산되어" 있다.(Macherey 1978:79) 문학작품을 연결시키는 원리는 문학작품 속에서 발견될 수 없다. 마슈레가 제안하는 문학비평의 모델은 그러므로 텍스트의 의미를 "해석"하는 비평이 아니라 오히려 작품 자체가 하고 있지 않은 바, 즉 일련의 상충하는 의미들로 작품이 구성된 이유를 "설명"하는 비평이다. 그는 다음과 같이 쓰고 있다.

> 작품에서 설명이 요구되는 것은 …… 설명적 요소들 간의 관계나 대립, 집필 수준 간의 관계나 대립, 요컨대 의미의 상충을 나타내는 이러한 불안정성들이 있다는 사실이다. …… 책은 단일한 의미의 확장이 아니다. 책은 여러 의미들의 양립불가능성으로부터 생성된 것이다. 이와 같은 의미의 양립불가능성은 늘 쇄신되는 긴장된 대결 속에서 작품을 현실에 접합시키는 가장 강력한 결합력이다.(Macherey 1978：79)

문학작품의 생산 조건이 마슈레가 문학작품에서 발견하는 이러한 종류의 불완전성, 불안정성 혹은 '분산성'을 낳은 이유는 무엇일까? 그 이유는 문학작품이 이데올로기에 입각해 만들어진 것이기 때문이다. 문학작품을 탄생시키는 원재료는 이데올로기적 재료, 즉 신앙 및 가치의 체계, 여론, 그리고 동시대의 모든 담론뿐만 아니라 한 저자가 문학사에서 자기가 위치한 지점에서 운용 가능한 문학 형식, 테마 장치다. 이데올로기는 계급적 이해관계를 수반하는 담론이다. 이것이 의미하는 바는, 대립적인 계급들로 구성된 사회에서 이데올로기는 사회적 괴계의 현실을 그릇되게 표상한다는 것이다. 바로 이것이 마슈레가 이데올로기를 '환상'의 언어라고 기술할 때 의미한 바이다. 요컨대 이데올로기는 현실의 대상을 참조하기보다는 상상의 대상을 참조한다.

이데올로기는 외관상 정합성을 가지고 있다고 마슈레는 주장한다. 이데올로기는 세계에 대해 또 이 세계 내에서 사는 방식에 대해 어느 정도 완벽한 설명을 하는 것처럼 보인다. 그러나 실제로는 불완전하다. 왜냐하면 이데올로기의 기능은 바로 사회의 기반이 되는 착취 관계의 현실을 은폐하기 때문이다. 마슈레가 쓰고 있듯이 "부재하는 항성의 주위를 돌고 있는 행성처럼 이데올로기는 자신이 언급하지 않는 것으로 구성되어 있다. 이데올로기가 존재하는 이유는 말해져서는 안 되는 것이 있기 때문이다".(Macherey 1978 : 132)

이러한 이데올로기적인 재료가 문학작품으로 만들어질 때 그것은 예를 들어 양모가 외투로 생산될 때처럼 그 속성을 바꾸게 된다고 마슈레는 주장한다. 우리가 이데올로기의 일상어에 대한 비판적 성찰을 하지 않고 그것들 내에서 생활하게 될 경우, 우리는 일상의 언어활동에 참여하고 여론을 받아들이고 신문을 읽으며 티브이를 보는 등의 일을 하게 된다. 그 한계는 분명하게 드러나지 않는다. 하지만 이 언어가 문학작품이라는 미학적 형식으로 굳어질 때 이데올로기의 언급되지 않은 한계는 명백해진다. 이 한계란 이데올로기가 언급할 수 없는 사회 현실이다. 이데올로기는 이 현실을 말하지 않기 위해 존재하는 것이다. 이데올로기가 문학작품의 형태로 표현될 때는 그 불완전성도 표현된다. 마슈레는 다음과 같이 쓴다.

책은 무정형의 환상의 언어로 구성되었기 때문에 이 신화(다시 말해 책을 구성하는 이데올로기) 주변을 돌고 있다. 그러나 그 형성 과정에서 책은 이 신화를 노출시키고 신화를 바라보는 태도를 취한다. …… 책은 자신의 이데올로기적 내용을 은연중에 비판한다. 책이 이데올로기의 흐름에 편입되지 않으려고 저항하면서 책에 대한 **명확한 표상**을 부여하려 하는 한에서 말이다.(Macherey 1978 : 64)

바로 그렇기 때문에 문학작품의 구조는 이질적이고 상충적이며 모순된 것이다. 문학작품은 일련의 상충되는 요소들로 구성되어 있다. 이 요소들은 수미일관하거나 정합적인 통일체를 형성하지 못한다. 그 이유는 작품을 구성하는 이데올로기 그 자체가 제한적인 한도 내에서만 수미일관하거나 정합적일 뿐이고, 또 이데올로기가 말하려 하지 않는 역사적 현실로 인해 모순되기 때문이다. 문학작품의 내적 분열은 작품을 구성하고 있는 이데올로기의 왜곡되고 제한된 성격에서 나오는 것이다. 바로 이것이 문학작품의 상충된 요소들에 대한 '설명'으로서 마슈레가 제시한 문학비평 모델의 토대이다.

사적유물론이라는 과학에 기초한 문학비평은, 동시대의 이데올로기라는 원재료로부터 문학 텍스트가 생산되는 환경을 통해 문학 텍스트 내에 존재하는 간극, 결함, 모순을 설명할 수 있다고 마슈레는 주장한다. 사적유물론에 기초한 문학비평은 이데올로기적 문학비평이 믿는 것처럼 작품이 수미일관하고 정합적인 단위가 될 수 없는 이유를 설명할 수 있을 것이다. 사적

유물론에 기초한 문학비평은 문학 텍스트에 대한 징후적 독해를 구축할 수 있을 것이다. 마슈레는 이런 종류의 징후적 독해를 다음과 같이 기술한다.

> 우리는 작품 안에 존재하는 일종의 분할을 보여 주어야 한다. 이 분할은 그것이 작품을 사로잡고 있는 한에서 **작품**의 무의식이다. 이 무의식은 역사이고, 작품의 가장자리 너머에서 작용하며 이 가장자리를 침식해 오는 역사이다. 그렇기 때문에 사로잡힌 작품으로부터 작품을 사로잡는 것에 이르는 경로를 추적할 수 있다. 다시 한 번 작품에서 문제가 되는 것은 표현이라는 제스처 그 자체 내에서 작품이 아닌 것을 드러내 보여 주는 것이다. 그래서 씌어진 것의 정반대의 측면은 역사 그 자체가 될 것이다.(Macherey 1978 : 94)

| 징후적 문학비평 |

마슈레는 《문학생산이론》에서 문학 텍스트에 대한 일련의 징후적 독해를 제공한다. 그중에서 가장 섬세한 것이 프랑스 소설가 쥘 베른Jules Verne의 《신비의 섬L'île mystérieuse》(1875)의 독해이다. 마슈레는 이 소설이야말로 모든 문학작품의 특징이 되는 그런 종류의 내적 갈등을 보여 주는 작품의 전형이라고 주장한다. 왜냐하면 이 소설은 그 관계가 즉각적으로 분명하지는 않지만 비평가가 설명해야 하는 상이한 두 가지 플롯으로 명백히 구조화되어 있기 때문이다.

소설의 거의 대부분을 차지하는 첫 번째 플롯에서는, 기술적으로 숙련된 일군의 사람들이 열기구를 타고 태평양의 한 무인도에 불시착한다. 그들은 미국의 남북전쟁 당시 남부군으로부터 탈출한 죄수 동맹이다. 로빈슨 크루소처럼 그들은 주변의 천연 원료들을 사용해 물레방아, 벽돌, 수력 기중기와 전기 전보 등 당대의 기술적 생산물들을 건설하면서 섬을 변화시키는 수준을 넘어 '식민화'하려 한다.

이 플롯에 이어 이들이 그때까지 사회가 축적한 모든 과학적·기술적 지식을 구현하는 '엔지니어' 사이러스 스미스의 지휘 하에 수행한 식민화의 세부 절차가 등장한다. 이 두 번째 플롯에서 섬의 신비한 속성이 전개되고, 이는 소설의 종반부에 이르면 더욱 분명해진다. 식민지 사람들은 미지의 자선가에게 지속적으로 도움을 받는다. 그들은 한 번도 본 적 없는 이 자선가에게 불가사의하고도 다양한 원조를 제공받는다. 그러다가 소설의 종반부에 가까워지면서 우리는 이 자선가의 정체가, 쥘 베른의 이전 소설 《해저 2만 리Vingt mille lieues les mers》(1869)의 대단원에서 노르웨이의 소용돌이에서 사라졌던 네모 선장임을 알게 된다. 네모 선장은 선원들이 모두 죽고 난 후 잠수함 노틸러스 호를 식민지 주민들이 좌초된 섬 아래 동굴에 정박시켰던 것이다. 더 나아가, 네모가 영국의 식민지 통치에 맞서 싸운 인도 왕자였음이 밝혀진다. 일련의 패배를 통해 '약육강식'이 문명 진보의 법칙이라는 것을 깨달은 네모 선장이 해저 은둔자가 되었던 것이다.

《신비의 섬》에서 네모 선장은 조난자들이 노예제를 폐지했다
는 소식을 듣고 그들을 돕기로 결심한다. 그리고 조난자들에게
이런 이야기를 하고 난 후에 죽는다. 뒤이어 화산이 폭발하고,
그로 인해 섬은 작은 바위로 축소된다. 이 바위에 의지한 조난
자들은 이번에도 네모 선장의 도움으로 구조되어 미국으로 돌
아가 아이오와에 그들의 식민지를 재건한다.

그렇다면 마슈레는 어떻게 이 소설을 징후적으로 독해했을
까? 우선 첫 번째 플롯, 요컨대 과학적 토대에 입각한 식민화
라는 플롯은 《지구 속 여행Voyage au centre de la Terre》(1864)과 《해
저 2만 리》와 같은 쥘 베른의 이전 작품에서 온 테마, 즉 여행
과 미지에 대한 탐험, 과학 전문가, 테크놀로지를 변형할 수 있
는 능력 등을 계속 이어 나가며 수정하고 있다. 이러한 테마들
은 당대의 이데올로기, 요컨대 산업 테크놀로지를 이용한 인간
의 자연 정복이라는 이데올로기를 표현하고 있다. 철학에서 여
론에 이르기까지 모든 종류의 담론에서 19세기 말의 근대인은
테크놀로지 생산자로 표현되었고, 자연환경을 지배하는 이 인
간의 테크놀로지 힘은 잠재적으로 한계가 없는 것으로 표현되
었다. 인간의 과학과 테크놀로지 진보가 할 수 없는 일은 없다
고 여겨졌다. 설령 이 진보가 어떤 목표를 달성하는 데 필요한
수단을 만들어 내지 못한다 해도, 사람들은 예측 가능한 미래
에 만들어 낼 수 있다고 믿었다. 마슈레는 쥘 베른이 바로 이와
같은 이데올로기를 《신비의 섬》의 중심 플롯으로 표현하기 시

작한다고 주장한다.

> 그래서 첫째로 작품을 지속적으로 규정하는 기준이 되는 일반적이
> 고 명시적인 테마, 요컨대 역사 그 자체라고 할 수 있지만 이제(그리
> 고 바로 여기로부터 근대성이라는 용어가 나오게 된다.) 지배적이 되어 버
> 린 절차에 의한 사회질서의 내적 변환, 즉 산업에 의한 자연의 정복
> 이라는 테마가 있다. 이것은 쉽게 확인 가능한 이데올로기적인 테마
> 이다.(Macherey 1978 : 165)

이러한 테마는 베른이 자신의 무인도 이야기와 이보다 앞선 무인도 이야기들, 특히 대니얼 디포Daniel Defoe의 《로빈슨 크루소 Robinson Crusoe》(1719)와 유지하는 거리 내에 표현되어 있다. 쥘 베른 이야기 속의 조난자들은 로빈슨 크루소 주인공의 근대적 버전이라 할 수 있다. 즉, 19세기 말 사람들이 그들의 선진화된 과학과 테크놀로지를 가지고 자연을 얼마나 더 잘 통제하게 되었는지를 묘사한다. 로빈슨 크루소가 음식, 의복, 도구, 무기, 그리고 그가 남겨 두고 온 사회의 다른 상품들로 가득 찬 난파선을 가지고 있었고 또 그것을 가지고 자신의 생활을 재건했다면, 쥘 베른의 조난자들은 거의 아무것도 없이 섬에 상륙하여 오직 천연 자원들만을 가지고 섬을 식민화해야 했다. 그런데 쥘 베른의 조난자들은 엔지니어라는 인물을 통해 그들이 처한 환경과 그곳에 있는 자원의 활용법에 대한 과학적 지식을 갖추고 이 환경에 접근한다. 쥘 베른의 조난자들과 대니얼 디포의 조난자가

보이는 이러한 차이 속에 쥘 베른이 근대성 개념을 표현했다고 마슈레는 주장한다. 요컨대 쥘 베른이 근대인 로빈슨 크루소가 무인도에 좌초되면 어떻게 될지를 표현했다는 것이다. 바로 이러한 근대성 개념 내에서 우리는 쥘 베른 세대의 산업 부르주아지가 행한 이데올로기적 자기이해가 무엇인지를 알 수 있다.

그러나 쥘 베른이 자연에 대한 기술적 정복이라는 이데올로기를 《신비의 섬》의 첫 번째 플롯 내에 표현해 놓았다고는 해도 이것이 소설 전체를 통해 명확히 표현되지 않았다. 식민지 사람들이 섬을 식민화하는 과정에서 선장 네모로 최종 판명되는 신비한 힘의 도움을 받게 된다는 두 번째 플롯은 첫 번째 플롯의 이데올로기적 메시지와 모순된다. 산업 테크놀로지의 역사를 그 시작부터 추적할 수 있는 능력과는 거리가 먼 식민지 사람들은 그들이 세운 계획을 제한하는 일련의 한계에 봉착하게 되고, 이 한계를 네모라는 외부의 도움을 통해 극복하게 된다. 이 섬은 단순한 무인도, 요컨대 산업 테크놀로지가 개발해 온 자연의 전형이 아니라 명백히 초자연적인 힘이 이 산업 테크놀로지를 보충해 주는 그런 '신비한' 섬인 것이다. 그래서 이제 이 책의 '메시지'가 무엇인지가 불분명해진다. 사실 이 책은 두 플롯 간의 양립 불가능한 관계 속에 내재하는 의미 외에는 그 어떤 메시지도 가지고 있지 않다고 마슈레는 생각한다. 마슈레는 다음과 같이 쓴다.

이 책은 전개되면서 이 도식〔요컨대 자연의 정복이라는 이데올로기〕

이 전복되고 역전된다는 사실로부터 그 진정한 주제와 의미를 얻게 된다. 이데올로기의 실현이라는 노선은 또 다른 플롯의 전개로 넘어가는 순간 끊어진다. 이 또 다른 플롯은 그것이 이데올로기의 실현이라는 노선으로 하여금 또 다른 형태의 허구가 존재한다는 것을 인정하게 만들기 때문에 **훨씬 더 사실적으로** 보인다.(Macherey 1978 : 218)

　마슈레의 징후적 독해는 두 플롯 간의 모순이 일어나는 지점에 주안점을 두고 있고, 이곳은 중심 플롯 내에 표현된 이데올로기가 한계(역사적 현실의 재현으로서의 이데올로기의 불완전성)에 부딪히는 것을 보여 준다고 주장한다. 식민지 사람들이 필요로 하는 모든 것들로 가득 찬 궤짝이 난파선에서 섬 위로 쓸려 온 듯 보이지만, 실은 네모 선장이 담아 보냈다는 사실에서 이러한 지점을 확인할 수 있다. 비록 중심 플롯의 핵심은 쥘 베른의 조난자들과 로빈슨 크루소를 구별하는 것이지만, 이 사건에서 쥘 베른의 조난자들은 엄밀히 말해 로빈슨 크루소의 상태로 되돌려진다. 요컨대 그들은 그들이 뒤에 남기고 온 사회의 생산물들에 의존하여 사회를 재건한다. 쥘 베른은 자신의 조난자들에 대해 다음과 같이 쓴다.

　대니얼 디포의 상상적 주인공들은 …… 자신들이 완전히 무기력하다고는 결코 생각하지 않았다. 그들에게는 풍부한 곡물 자원, 동물, 연장 그리고 난파선에서 가져온 탄약이 있었다. 그렇지 않으면 잔해들이 해변가로 쓸려 와 그들에게 생필품을 조달해 주었다. 〔다른 한편

으로 쥘 베른의 조난자들은) 모든 것을 무無로부터 충당해 내어야만
했다.(Verne 2001:45)

그러나 난파선에서 나온 궤짝이 출현하는 순간, 산업 테크놀
로지로 자연환경을 개척할 수 있는 조난자들의 근대적인 역량
은 로빈슨 크루소의 원시적인 노동과 더 이상 모순되지 않게 된
다. 오히려 원시적인 노동은 그 노동을 시작점으로 삼아 발전이
예견되는 그와 같은 상황으로 환원된다. 첫 번째 플롯에서 표
현된 자연의 정복이라는 이데올로기는 한계, 즉 현실을 표현하
는 데 있어서의 불완전성을 두 번째 플롯의 요소 내에서 만나
게 된다.

소설이 종반부를 향해 가면서 두 번째 플롯은 식민지 사람들
과 네모 선장의 만남에 집중된다. 그들은 네모 선장의 인생 이
야기를 듣고 그의 죽음을 지켜본다. 이 만남에서 첫 번째 플롯
이 갖는 이데올로기의 한계가 가장 명확하게 드러난다고 마슈
레는 지적한다. 네모는 자신의 생애를 특징짓는 반식민 투쟁과
사회적 은거의 결합을 식민지 사람들에게 평가해 달라고 요청
하며 이야기를 끝마친다. "이제 여러분께서는 제 인생을 알게
되셨는데, 어떤 평가를 내리겠습니까?"라고 네모 선장은 묻는
다. 사이러스 스미스는 다음과 같이 대답한다.

"선장, 당신의 오류는 과거를 되돌릴 수 있다는 믿음에 있습니다. 그
리고 당신은 피할 수 없는 진보에 저항해 싸워 왔습니다. 우리는 자

신이 정의롭다고 믿는 대의 때문에 실수를 범하는 사람과 싸울 수는 있지만 그를 존경하지 않을 수는 없습니다. …… 역사는 영웅적 광기를 사랑합니다."(Verne 2001 : 595)

마슈레는 네모에 대한 스미스의 평가를 "유토피아 비판"(Macherey 1978 : 226)으로 독해한다. 여기서 마슈레는 다음과 같은 것을 의미하고자 한다. 즉, 스미스는 네모를 자유를 위해 투쟁하는 투사이자 은둔자, 요컨대 현재의 현실 속에 살았다기보다는 과거의 환상적인 버전 속에 살아온 사람으로 평가하였다는 것이다. 네모는 산업의 힘이 식민지로 확장되면서 인민들이 착취를 당함에도 불구하고, 여전히 인민들의 실제적인 목표는 정의라고 생각하며 살아온 사람이라는 것이다. 그러나 스미스가 보기에 사실은 그렇지 않다. 스미스가 주장하는 '진보', 즉 미래는 산업의 힘이 계속해서 식민지를 확장하고 또 산업의 힘의 토대가 되는 산업 테크놀로지가 확장하는 데 달렸다. 이 소설이 표현하기 시작하는 이 이데올로기가 가장 강력하게 그 한계에 부딪히는 곳이 바로 이 지점이라고 마슈레는 주장한다. 그 이유는 네모가 자유의 투사일 뿐만 아니라 자신을 평가하는 사이러스 스미스와 같은 부류의 과학자이기 때문이다. 쥘 베른은 네모에 대해 "투사가 과학자가 되었다"라고 썼다.(2001 : 591)

이 소설의 첫 번째 플롯에서 스미스는 산업 부르주아지의 과학적·기술적 역량을 표상하는 '근대인'을 대표한다. 그런데 그는 소설의 대단원에서 네모의 기술적 업적, 즉 노틸러스의 설계와 생산, 그러므로 그가 식민지 사람들을 돕는 데 사용한 모든 자원을 과거에 대한 집착과 근대성에 저항하는 투쟁이라고 비판한다. 대단원에 이르러 소설의 두 플롯은 서로 모순된다고 마슈레는 주장한다. 네모는 스미스처럼 자연과 테크놀로지로 자연을 정복한다. 그러나 스미스는 과학적이고 기술적인 이 인물을 과거의 허구적인 건조물 속에서 살고 있다고 비판한다. 이 소설의 첫 번째 플롯에서 자연의 정복은 (스미스라는 인물 속에서) 진보와 사회의 미래를 대표한다. 두 번째 플롯에서 자연의 정복은 (네모라는 인물 속에서) 진보의 쇠퇴와 과거를 대표한다. 첫 번째 플롯에서 자연의 정복은 현실을 표현한다고 여겨지는 픽션이다. 두 번째 플롯에서 자연의 정복은 이 현실을 표현하는 데 실패하는 픽션인 것이다.

마슈레는 소설의 형식 속에 존재하는 내적 모순을 이 작품을 이루고 있는 이데올로기적인 재료로 소급하여 연결시킨다. 두 플롯 간의 양립불가능성은 첫 번째 플롯에서 표현된 이데올로기가 역사적 현실의 왜곡이라는 것을 명확히 보여 준다. 이 양립불가능성은 쥘 베른이 이 소설에서 다루고 있는 테크놀로지에 대한 이데올로기의 한계, 즉 그것이 말할 수 없는 역사적 현실이 있다는 사실을 보여 준다. 특히 이 양립불가능성은 이데올로기가 암시하듯이 산업 부르주아지는 과학과 테크놀로지만으로는 사회적 지배를 완성할 수 없고 그들의 테크놀로지적 성취가 그것을 실현시키는 역사적 조건들, 무엇보다도 산업 노동과 착취라는 조건에 의존하고 있음을 보여 준다. 마슈레는 다음과 같이 쓴다.

> 대략적으로 발생한 일은 다음과 같다. 쥘 베른은 그 심층에서 이데올로기적인 강박관념과, 자기 작품의 중심을 이루는 노동 및 정복 개념을 표현하고 번역하고 싶어 한다. 작품이 회복시키는 역사적 현실과 관련해 이 이상은 모순적이다. 진정한 노동은 소외되어 있고 완벽한 정복은 선행하는 식민화 조건에 제약을 받는다. 바로 이것이 부르주아 이데올로기의 실제적인 한계이다.(Macherey 1978 : 237)

마슈레가 의미하고자 하는 바는 다음과 같다. 즉, 우리가 논의한 두 플롯 간의 모순 속에서 근대성을 그것과 구별되어야 하는 항들로 부단히 되돌아가 표현하려는 시도가 발견된다는 것이다. 식민지 사람들은 로빈슨 크루소의 근대적 버전으로 상정되었지만, 그들은 로빈슨 크루소로 되돌려진다. 왜냐하면 그들은 그들이 뒤에 놔두고 온 사회적 산물들의 도움을 지속적으로 받기 때문이다. 네모 선장은 근대성을 특징짓는 것으로 상정되는 그런 종류의 과학과 테크놀로지를 대표했지만 과거의 인물로 비판받는다. 로빈슨 크루소 이야기 같은 역사문학의 형태 내에서 근대성이라는 이데올로기를 표현하려는 쥘 베른의 이러한 선택은 그것이 역사에 의존하고 있음을 보여 준다고 마슈레는 주장한다.

쥘 베른이 자신과 동시대 사람들과 마찬가지로 체험한 테크놀로지라는 이데올로기 내에서 산업 테크놀로지는 근대인의 특징적 성취로 표현된다. 표현되지 않은 것은 이 테크놀로지의 역사, 즉 테크놀로지를 존재하게 만들고 계속 발전시키는 노동과 착취라는 조건이다. 그런데 쥘 베른이 소설에서 이데올로기를 작동시킬 때 이 한계들, 곧 이데올로기가 언급하지 않은 역사적 현실, 구체적으로 말해 언급을 막는 것이 이데올로기의 존재이유가 되게 하는 그러한 역사적 현실이 소설의 내적 모순과 간극 내에서 드러나게 되었다. 마슈레는 이 소설은 작품을 이루고 있는 이데올로기에 대한 일종의 비판을 구축하고 있다고 결론짓는다. 쥘 베른은 테크놀로지가 갖고 있는 이데올로기를 표현하려는 의도를 가지고 소설을 시작하지만, 결국 이렇게 이 이데올로기의 표현을 완결시킨다. 이 소설은 단순히 이 이데올로기를 표현하는 데 그치는 것이 아니라 그것의 한계와 이 소설이 왜곡하는 현실과 이데올로기 간의 모순적 관계를 우리에게 보여 준다. 그래서 마슈레는 다음과 같이 결론 내린다. "비록 그것이 언표된 방식 내에는 존재하지 않는다 해도 책은 자신이 언표하고자 하는 바, 요컨대 '그 순간의 역사'를 우리에게 보여 준다."(Macherey 1978, p. 240)

| 이론상의 계급투쟁 |

알튀세르의 이론적 안티−휴머니즘은 1966년 3월 프랑스공산당 중앙위원회에서 비난받았다. 위원회의 결의문 요약에서 총서

기장 발덱 로쉐Waldeck Rochet는 "휴머니즘 없는 공산주의는 공산주의가 아니다"라고 단언하였다.(Elliott 1987 : 192에서 인용) 1967년 알튀세르는 일련의 자아비판 절차에 들어갔다. 이 자아비판은 1970년대 중반까지 그의 사유를 지배하게 된다. 그는 《마르크스를 위하여》와 《자본론을 읽는다》의 '이론중심주의'를 포기하였다. 그는 이 이론중심주의를 통해 이론적 담론 내에서 맑스가 일으킨 과학적 혁명의 효과를 과도하게 강조하려고 했었다. 이 두 텍스트에서 알튀세르는 맑스의 철학을 과학적 담론과 이데올로기적 담론 간의 차이에 관한 이론으로 생각했다.

1967년부터 알튀세르는 철학을 "이론상의 계급투쟁"으로 재정의하였다. 이 '두 번째 정의'는 철학 실천과 문학비평 실천에 관한 새로운 개념을 수반하였다. 이 두 담론은 문화 실천의 영역에서 정치적으로 유효한 개입으로 간주된다. 이 같은 정치적으로 유효한 개입은 이 개입이 이루어지는 사회에서 착취하는 계급 혹은 착취당하는 계급의 이해관계에 봉사한다.

알튀세르는 이 새로운 입장을 〈존 루이스에 대한 답변(자아비판)〉에서 가장 완벽하게 정리하고 있다. 《마르크스를 위하여》에서처럼 알튀세르는 이 시론을 자신이 글을 쓸 때 처해 있던 정치적 상황에 대한 간략한 설명으로 시작한다. 철학은 이 상황에서 담당해야 하는 역할이 있다고 알튀세르는 주장한다. 그이유는 무엇일까? 왜냐하면 **철학은 최종 심급에서 이론적 영역에서의 계급투쟁**"이기 때문이다.(ESC : 37) 이 언표에는 두 개의 각주가 붙어 있고, 거기서 알튀세르는 '최종 심급'이라는 표현의 의미를 강조한다. 그가 의미하고자 하는 바는 철학이 단순한 계급투쟁의 산물이 아니라는 것이다. 오히려 중층결정이론에 따라 철학은 상호적으로 결정하는 복합적인 사회적 심급들로부터 비롯된 산물이다. 이 사회적 심급들 내에서 철학이 탄생하는 것이고, 또 그 안에서 계급투쟁의 정치적 실천이 지배하게 된다.

알튀세르는 이 정식을 엥겔스에게서 끌어낸다. 엥겔스는《독일농민전쟁Der deutsche Bauernkrieg》(1874) 서문에서 경제·정치·이론과 같은 세 가지 유형의 계급투쟁이 존재한다고 쓰고 있다. 알튀세르는 이론의 영역 내에서 계급투쟁의 이름은 철학이라고 썼다. 그리고 영국의 공산주의자 존 루이스John Lewis에 대한 답변을 통해 자신이 의미하려고 하는 바를 예증한다. 그는 존 루이스가 맑스를 해석하는 토대로 삼고 있는 휴머니스트적인 입장을 따로 떼어내어 이것을 "맑스-레닌주의적 철학"에 대한 자신의 해석과 비교한다. 알튀세르는 맑스주의와 레닌주의에 존재하는 안티-휴머니즘적 논지를 존 루이스의 휴머니즘적 논지와 대치시킨다. 이 대치의 절차가 이론상에서의 계급투쟁을 통해 그가 의미하려고 하는 바라고 알튀세르는 설명한다.

알튀세르는 루이스의 입장뿐만 아니라 자신의 입장까지를 포함한 모든 철학적 입장은 사회의 형성을 포함하는 모든 실천에 특수한 영향을 미친다고 주장한다. 철학적 입장은 특히 정치적 실천과 과학적 실천에 영향을 미치는데, 문학 연구와 인간과학을 포함하는 학문에서 이 학문을 과학으로서 발전시키거나 아니면 이데올로기로 재구축함으로써 학문의 진보를 저지하기도 한다. 이때 스스로를 과학이라 주장하는 특정 담론이 진정으로 과학인지 아닌지를 결정하는 것은 변증법적유물론 혹은 '맑스주의 철학'이다. 특정 담론의 과학적 위상을 맑스주의적으로 규정하고 나면, 이 철학적 논지에 따라 철학자들이 하듯이 이를 철학적 실천에서 명확히 하거나 과학자들이 하듯이 과학적 실천에서 다소간 의식적으로 이를 호소할 수 있다. 이런 방식으로 학문을 발전시키거나 이데올로기라는 전前과학적 위상으로 되돌려 놓을 수도 있다. 알튀세르는 다음과 같이 쓴다.

> 그것이 종국에 철학이 과학 내에서 '작동하는' 방식이다. 철학은 과학이 새로운 과학적 인식을 생산하는 데 도움을 **주거나 아니면** 이러한 진보를 소거시켜서 과학이 존재하지 않았을 때의 시간으로 인류를 되돌아가게 하려고 한다.(ESC : 61)

그런데 휴머니즘은 과학의 역사를 지체시키는 철학이다. 맑스가 휴머니즘 이데올로기와 단절하여 사적유물론의 문제계를 창시함으로써 인류는 비로소 역사에 대한 과학적 인식을 만들어 낼 수 있게 되었다. 그러나 존 루이스와 같은 맑스주의 휴머니스트는 휴머니즘이라는 전과학적 철학을 통해 역사 현상을 이해하려 함으로써 이 과학적 인식의 절차를 지체시킨다.

그 다음으로, 철학적 논지들은 정치적 영향력을 행사한다고 알튀세르는 주장한다. 철학적 논지는 착취하는 계급이나 착취당하는 계급의 이해관계에 봉사한다는 것이다. 알튀세르는 "대중이 역사를 만든다" 혹은 "계급투쟁이 역사의 원동력이다"와 같은 진정으로 맑스주의적인 논지와 "역사를 만드는 것은 인간이다"라는 루이스의 휴머니즘적인 논지를 비교한다. 루이스의 논지는 "대중", "계급" 혹은 "계급투쟁"이라고 하는 사람들의 이해관계보다는 "인간"이라고 말하는 자들, 다시 말해 부르주아계급의 이해관계에 봉사하고 있다는 것이다. 루이스의 논지는 사실 노동자들이 부르주아지에 의해 노동자로서 통제받는데도 불구하고 인간으로서 그들이 전능하다는 착각을 심어 주는 경향이 있다고 알튀세르는 지적한다. 루이스의 논지는 이 통제에 저항할 수 있는 노동자들의 역량이 그들의 인간성에 있는 것이 아니라 계급으로서 자신들을 조직화할 수 있는 역량에 있다는 사실에 그들이 집중하지 못하게 만든다는 것이다. 알튀세르는 다음과 같이 쓴다.

> 그러므로 한편으로 우리 앞에는 직접적이거나 간접적으로 부르주아지의 정치적 이해관계에 봉사하는 철학적 논지들이 있다. …… 다른 한편으로는 노동자계급이 그들의 역할, 생활의 조건, 혹은 착취와 투쟁을 이해하는 데 직접적으로 도움을 주고 또 노동자계급이 부르주아지로부터 국가권력을 탈취하기 위해 착취당하는 모든 인민이 수행하는 모든 투쟁을 이끌어 갈 조직을 창조하는 것을 돕는 논지들이 있다.(ESC:64)

더 나아가, 알튀세르는 맑스의 인식론적 단절과 관련한 자신의 설명을 이론상의 계급투쟁 개념에 비추어 재해석한다. 알튀세르는 이 단절을 휴머니즘이라는 이데올로기를 단번에 완전히 거부한 것이라기보다는 오래 끈질기게 지속된 어려운 과정으로 이해한다. 이 과정 속에서 태생적 계급이 부르주아인 맑스는 이론상 프롤레타리아계급의 입장을 취하게 된다. 철학사 전반은 최종 심급에서 착취하는 계급에 봉사하는 입장과 착취당하는 계급에 봉사하는 입장이 이론적 차원에서 벌이는 투쟁의 역사라고 알튀세르는 말한다.

알튀세르에게 영향을 받은 거의 모든 문학비평은 마슈레가 했던 것처럼 징후적 독해 개념의 논리 혹은 이데올로기적 국가장치 이론을 거치게 된다. 이데올로기적 국가장치에 대해서는 다음 장에서 논의할 것이다. 이론상의 계급투쟁으로서의 철학에 대한 두 번째 정의에 대해서는 거의 언급된 바가 없다. 그럼에도 불구하고 알튀세르가 죽을 때까지 고수한 이 정의는 문학비평의 실천에 분명 함의하는 바가 있다.

첫째로 알튀세르의 정의는 문학비평이 이론상의 계급투쟁 장소임을 의미한다. 비평은 늘 다소 의식적으로 일련의 일차 원리들을 토대로 행해진다. 이 일차 원리들은 비평이 행해지는 사회의 형성에 직접적으로 영향을 미친다. 문제는 비평이 누구의 이해관계에 유효한가이다. 알튀세르의 두 번째 철학 정의에 따르면, 맑스주의 비평은 프롤레타리아트의 계급적 이해관계에 봉사하는 입장에서 유래하는 문학 담론의 생산을 지향한다.

《형식주의와 마르크스주의Formalism and Marxism》(1979)에서 토니 베넷Tony Bennett은 알튀세르의 문학 이론을 비판하면서 이런 종류의 논지를 표명하였다. 베넷은 문학 텍스트의 정치적인 효과는, 마슈레가 주장하듯이 문학 텍스트가 그 속에서 생산된 이데올로기와 관계 속에 내재하는 것이 아니라 그것이 문학비평에 의해 **재생산**되는 방식, 교육 체계, 출판 산업 등과 같이 그 안에서 문학 텍스트가 전유되는 다른 사회적 제도와 실천의 결과물이라고 주장한다. 문학 텍스트는 해석의 주체에 의해 항시 "점유될" 채비가 되어 있다고 토니 베넷은 말한다. 문제는 "문학 텍스트의 정치적 효과가 무엇이냐가 아니라 맑스주의 비평 작업을 통해서 문학 텍스트가 어떤 정치적 효과를 가질 수 있을 것이냐"라는 것이다.(Bennett 2003 : 111) 다시 말해, 비평은 "탁월하게 정치적인 실천"이라는 것이다. 비평은 어떤 문학 텍스트의 효과가 무엇인지를 증명하는 것, 요컨대 작품이 그 속에서 생산되는 이데올로기와 내적인 거리를 두고 있는지의 여부를 증명하는 것이 아니라 오히려 그 효과를 **생산**해 낸다. 맑스주의 비평의 목표는 모든 비평이 그렇듯, 어떤 텍스트가 계급사회에서 기능하는 방식을 보여 주는 데 있지 않다. 오히려 문학비평은 계급사회 내에서 텍스트가 이러저러한 계급의 이해관계를 위해 **기능하게 만든다.** 베넷은 다음과 같이 말한다.

모든 형태의 비평은 불가피하고 필연적으로 능동적인 정치적 형태의 담론이다. 비평은 문학 텍스트를 변형시키기 위해 문학 텍스트에 작용을 가한다. 비평 활동은 실제적인 사회적 절차 내에서 문학 텍스트의 생명에 영향을 주고 그것을 조건화하는 이러한 실제적 결정 요인에 속한다.(Bennett 2003 : 115)

즉, 비평은 문학 텍스트가 위치한 문화적 실천 영역에서의 개입이고, 이 개입은 사회를 구성하는 적대적 계급 중 한 계급의 이해관계에 봉사하는 개입이다. 베넷이 보기에 이론상의 계급투쟁이라는 알튀세르의 개념에 입각한 맑스주의 문학비평은 프롤레타리아계급의 이해관계에 봉사하는 문화적 실천 영역 내에서의 개입이다. 맑스주의 비평은 문학적 비평 내에서 프롤레타리아계급의 입장을 개진하는 것이다.

알튀세르는 《자본론》에서 맑스가 과거 경제학자들을 상대로 행한 독해에서 자신이 "징후적 독해"라고 말한 독해가 작동하고 있음을 발견한다. 이러한 종류의 독해에서 맑스는 자신이 분석하는 텍스트 내에서 간극과 모순 그리고 다른 결함에 주의를 기울이고, 이것들이 텍스트에서 작동하는 다른 일련의 관념들의 징후, 저자들이 의식하지 못하는 징후임을 보여 준다. 이러한 종류의 독서는 생산 절차로서의 인식 이론에 기초하고 있다고 알튀세르는 주장한다. 맑스 이전의 경제학자들은 일정한 경제적 사실에 대한 인식을 생산했다. 하지만 그들은 자신들이 그 안에서 사유하던 이데올로기적 문제계를 통해 그것을 이해하거나 명명할 줄 몰랐다. 알튀세르의 제자 피에르 마슈레는 이 이론이 문학비평에 미치는 영향력을 산정했다. 이 이론은 알튀세르가 이해하듯이 문학작품은 이데올로기라는 원재료로부터 생산된 것이라는 역사과학에서 기원한다. 우리가 이데올로기 안에서 생활할 때 그것이 세계에 대한 어느 정도 완벽한 설명을 구축하는 것처럼 보일지라도 사실 역사적 현실에 대한 그릇된 해석으로서의 이데올로기는 필연적으로 불완전하다. 이데올로기가 문학 텍스트로 변화되면 이 불완전성이 간극, 모순 그리고 이 텍스트 내에 존재하는 다른 결함 속에서 모습을 드러내게 된다. 마슈레가 보기에 문학 텍스트에는 부르주아 비평이 상정하는 '통일성'이 결코 존재하지 않는다. 오히려 문학 텍스트는 저자의 의도로 환원 불가능한 상충적이고 모순된 요소들로 이루어져 있다. 쥘 베른의 《신비의 섬》에 대한 마슈레의 독해가 해명하듯이, 과학적 문학비평은 이러한 상충적인 요소들에 주안점을 두고 이 요소들의 관계가 이 요소들을 구성하는 이데올로기의 왜곡된 속성에서 비롯된다. 1967년부터 알튀세르는 "이론상의 계급투쟁"으로서의 철학에 대한 "두 번째 정의"를 전개한다. 이 정의에 입각해 보면 문화 비평은 문화 실천 영역에서의 정치적 개입이며, 이 개입은 비평이 그 안에서 수행되는 사회 내에서의 착취하는 계급 혹은 착취당하는 계급의 이해관계에 봉사한다.

제 4 장

문화의 정치전략
: 이데올로기에 대한 시론

Louis Althusser

문학 및 문화 연구에 대한 알튀세르의 가장 큰 공헌은 이데올로기 이론이다. 이번 장에서는, 이데올로기가 우리와 역사적 현실이 맺는 "경험적lived" 관계를 구성하거나 혹은 우리의 '세계' 그 자체를 구성한다는 알튀세르의 초기 주장을 시작으로 이데올로기 이론을 살펴볼 것이다. 그리고 상상적인 관계를 표현하는 데에 대중문화가 수행하는 역할을 논의하면서, 실존의 실질적 조건과의 상상적인 관계라고 할 수 있는 알튀세르의 이데올로기 개념을 살펴보고자 한다. 이 장의 중심부에서는 맑스주의 이데올로기 이론의 주목할 만한 발전의 소산인 알튀세르의 가장 영향력 있는 수고 〈이데올로기와 이데올로기적 국가장치 Idéologie et appareils idéologiques d'État〉(1969)를 살펴볼 것이다. 이 수고에서 알튀세르는 이데올로기가 "개인을 주체로서 호명한다"고 선언한다. 이 이론이 문학비평에 적용된 몇 가지 방식을 검토하면서 이 장을 끝맺을 것이다.

| 현실과의 상상적 관계 |

알튀세르는 논고 〈맑스주의와 휴머니즘marxisme humaniste〉(1963)에서 처음으로 이데올로기 개념을 상술한다. 휴머니즘에 대한 진정으로 맑스주의적인 관점이라는 논지를 개진하면서 휴머니즘이야말로 이데올로기임이 틀림없다고 말하는데, 알튀세르는 이데올로기 개념으로 자신이 의미하고자 하는 바가 무엇인지를 설명한다. 이데올로기에 대한 알튀세르의 첫 번째 정의는 다음과 같다.

> 이데올로기는 한 사회 내에서 역사적 실존과 역할을 갖고 있는 표상(맥락에 의존하는 이미지, 신화, 관념 혹은 개념)의 (고유한 논리와 엄밀함을 가진) 체계이다. …… 표상 체계로서 이데올로기는 과학과 구별된다. 왜냐하면 이데올로기 내에서는 실천적-사회적 기능이 이론적 기능(인식 기능)보다 훨씬 더 중요하기 때문이다.(FM : 231)

맑스와 엥겔스는 한편으로는 경제적 토대, 다른 한편으로는 상부구조를 이루는 법률 및 정치제도 그리고 이데올로기라고 하는 이 세 가지 기본 심급으로 이루어진 구조로 사회를 생각했다. 그들은 이데올로기를 사람들이 생산관계와 계급투쟁을 의식하는 형식들의 총체로 파악하고, 이 생산관계와 계급투쟁을 통해 사회가 실질적으로 구축된다고 보았다. 알튀세르는 이 사회 개념에 네 번째 심급, 다시 말해 과학의 심급을 추가한다.

그리고 이 과학 중 첫 번째가 사적유물론이라는 과학이다.

'실천적–사회적' 기능이 이론적인 기능보다 더 중요해지는 그러한 표상 체계로 이데올로기를 기술함으로써, 알튀세르는 자본주의사회에서 작동하는 근본적으로 다른 두 가지 담론의 형태가 있음을 설명한다. 우리로 하여금 자본주의사회에 대한 인식을 갖게 하는 과학, 그리고 그러한 인식을 제공하지 않는 이데올로기. 알튀세르는 이데올로기가 사회적 기능을 갖고 있다고 생각하지만, 이 기능은 사회의 진정한 역사적 조건에 대한 인식을 생산하는 기능이 아니다.

그렇다면 이데올로기의 사회적 기능은 무엇인가? 이 질문에 대답하기 위해서 알튀세르는 맑스가 행했던 징후적 독해로 돌아간다. 맑스와 엥겔스가 이데올로기를 주로 '의식의 형식'이라는 측면에서 논했던 반면, 알튀세르는 이데올로기라는 말이 여전히 맑스 이전의 문제계, 즉 관념이 인간의 삶을 좌우하는 실제로서 간주되는 문제계에 속해 있는 언어라고 주장한다. 비록 맑스는 과학적인 이데올로기 개념을 발전시켰지만, 그것을 기술하는 데에서는 여전히 과학 이전의 언어를 사용하였다. 왜냐하면 그가 발견한 과학에 적절하게 어울리는 체계적인 전문 용어의 발달 과정은 길고도 험난했기 때문이다. 사실 맑스 저작 내의 예상치 못한 곳에서 명확해진 이 과학 원리에 따르면, 이데올로기는 의식과 전혀 관련이 없다고 알튀세르는 주장한다. 오히려 그것은 심층적인 **무의식적** 현상이다. 알튀세르는 다음과 같이 쓴다.

이데올로기는 실로 표상의 체계이다. 그러나 대부분의 경우에 이러한 표상들은 '의식'과 아무런 관련이 없다. 즉, 표상들은 때로는 이미지이고 또 때로는 개념이다. 그러나 그것은 무엇보다도 대다수의 사람들에게 **구조**로서 부과된 것이지 그들의 '의식'을 거쳐 부과된 것이 아니다. 이 표상들은 지각되고 수용되며 경험되는 문화적 대상들이고, 또 이 표상들은 인간을 넘어서는 절차를 통해 그들에게 기능적으로 작용한다.(FM : 233)

이데올로기는 합리적으로 그것이 진실되다고 판단하면서 우리가 스스로 의식적으로 전유할 수 있는 그러한 종류의 담론이 아니라는 점을 알튀세르는 의미하고자 한다. 이데올로기는 비판적으로 숙고한 후 거기에 대해 한 사람이 의식적인 동의를 하는 그러한 종류의 담론이 아니다. 오히려 이데올로기는 우리가 태어나 자라고 또 살고 있는, 항상 우리 주변에 상주하는 담론, 이미지 그리고 관념들의 흐름을 모두 포함하고 있다. 늘 우리를 둘러싸고 있는 광고 메시지와 같은, 가령 행복한 가족 관계에 대한 이미지, 엄마의 역할, 외모, 체중, 헤어스타일, 읽을거리, 흥미, 기타 등등에 관한 것, 이상적인 의복, 라이프 스타일, 집, 식습관, 오락에 관한 것, 우리가 생각하고 보고 원하도록 만드는 방법들에 관한 이 모든 것이 알튀세르적 의미에서 이데올로기의 예들이다. 이것은 주로 일반 상식, 여론, 모든 이들이 생각하는 것, 사람들이 당연히 그러하다고 생각하는 것과 같은 자명한 형태로 다가온다. 예를 들어, 서구 문화는 이슬람 문화보다 낫다. 사람들 특히 여자들은 결혼을 하고 아이를 출산해야 하며, 영국인들은 점잖고 관대하다. 열심히 일하는 것이 성공의 열쇠이다 등등. 이 모든 가정은 그것들이 비판적인 성찰의 대상이 되지 못하고 가설에 머물러 있는 한, 이데올로기를 구성하는 일종의 잠재의식적 개념틀의 예가 된다.

　사람들이 자신들의 세계를 이해하는 방식이 곧 이데올로기라고 알튀세르가 설명할 때 그는 이 점을 가장 명확하게 드러낸다. 알튀세르에게 이데올로기란 우리가 우리 자신의 경험을 이해하는 데 사용하는 일련의 담론이다. 요컨대 이데올로기는 우리의 경험 세계, 우리의 '세계' 그 자체를 구성하는 것이다. 사적 유물론이라는 과학은 자본주의적 생산양식을 포함하는 일련의 복잡한 생산력과 생산관계 속에 있는 우리 생활의 물질적 실제에 관해 우리에게 말해 준다. 비록 우리가 일상적으로 이런 식으로는 우리 삶을 생각하지는 않지만 말이다. 만약 내가 사업을 하고 있다면 나는 내 인생을 일종의 경쟁으로 생각할 것이다. 이 경쟁 속에서 나는 더욱 기민하고 영리해야 하며 다른 모든 이보다 더 열심히 일해야 할 것이다. 내가 사회주의자라면 나는 점점 더 많이 착취하는 사회에서 점점 더 정의로워지는 사회로의 진보로서 역사를 생각할 것이며, 공장의 피켓 시위로부터 시작해 신문을 파는 일 등의 정치적 활동을 하며 여기에 기여할 수도 있다. 내가 기독교인이라면 나는 내세를 향한 도덕적 진보로서 내 인생을 바라볼 것이다. 내가 아이의 어머니라면 내 아이가 성장하기에 적합한 그러한 종류의 지역사회를 내

나름대로의 방식으로 건설하는 것으로서 내 인생을 바라볼 것이다. 우리가 우리의 삶을 이해하는 이러한 방식들, 우리 삶을 이해하기 위해 우리 스스로가 하고 있는 이러한 이야기들을 알튀세르는 우리가 경험하고 있는 이데올로기로 본다. 그는 다음과 같이 쓴다.

> 인간은 자신의 행동을 체험하는데, 고전적인 전통이 자유롭고 '의식적'이라고 종종 언급하는 그러한 행동을 **이데올로기 내에서, 또 이데올로기에 의해**, 그리고 이데올로기를 거쳐 체험하는 것이다. 요컨대 (정치적 행동이나 무위 상에서) **역사**를 포함하는 인간과 세계 간의 체험된 관계는 이데올로기를 거친다. 혹은 차라리 **이데올로기 그 자체이다.**(FM : 233)

즉, 이데올로기는 일련의 담론과 이미지 그리고 개념들을 구성하며 우리는 이것들을 통해 역사적 현실과 관계를 맺는다. 이데올로기는 그러한 역사적 현실이나 그 현실 속의 우리 환경에 대해 정확하게 재현하지 않는다. 비록 이데올로기가 우리 스스로 우리의 삶을 이해하는 데 사용하는 담론들을 포함하고 있다고 할지라도, 이러한 이해는 오해일 뿐이다. 이데올로기는 외관의 세계, 즉 사회 속에서의 인간 삶에 대한 전前과학적 이해를 구성하게 된다. 맑스주의 역사과학은 바로 이 외관 세계의 진면모를 우리에게 보여 준다.

그러나 우리가 살고 있다고 생각하는 세계와 실제로 우리가 살고 있는 세계와의 관계가 여전히 남아 있다. 알튀세르는 이러한 관계를 다음과 같이 명기한다.

> 이데올로기 내에서 사람들은 그들과 그들의 실존 조건 간의 관계가 아니라, 그들과 그들의 실존 조건 간의 관계를 경험하는 **방식**을 표현한다. 즉, 이것은 실제적 관계와 '상상적'·'체험적' 관계를 가정하고 있는 것이다. 따라서 이데올로기는 인간과 그들의 '세계', 즉 인간과 인간 실존의 실제적 조건 간의 실제적 관계와 상상적 관계의 (중층결정된) 통일의 표현이다.(FM : 233)

즉 이데올로기 내에서, 사람들은 그들이 체험하는 사회적 관계 체계와 그들이 맺는 진정한 관계를 담론으로 표현한다. 그런데 이 담론은 이 관계를 상상적이거나 허구적인 형식으로 표현한다. 이데올로기는 "개인이 그들 실존의 실제 조건과 맺는 상상적 관계"를 표현하는 것이다.(LP : 153) 알튀세르는 〈이론, 이론적 실천 그리고 이론적 형성〉(1966)에서, 이데올로기는 역사적인 실제에 관해서 "환영"을 구성함과 동시에 역사적 실제를 "암시"한다고 쓰고 있다.

> 이데올로기적 표상은 어떤 특정한 실제의 '표상'을 알려 주며, 그것은 일정한 방식으로 실제적인 것을 **암시**하지만, 동시에 현실에 대한 **환영**만을 남길 뿐이라는 것을 우리는 잘 알고 있다. 또 이데올로기는 사람들에게 세계에 대한 어떤 일정한 '인식'(connaissance)을 할 수 있게

해 주고 혹은 오히려 세계 내에서 사람들이 그들 자신을 '확인'하게 해 주며 그들에게 어떤 특정한 '재인'(reconnaissance)을 할 수 있게 해 준다. 그러나 동시에 이데올로기는 사람들에게 단지 이데올로기 자체의 **오인**(méconnaissance)을 가져다줄 뿐이다. 이데올로기가 실제와 맺는 관계의 관점에서 보자면, **암시-환영** 혹은 **재인-오인**은 이데올로기다.(PSPS : 29)

알튀세르는 정신분석학자 자크 라캉Jacques Lacan(1901~1980)의 저작에서 '**오인**'이라는 용어를 채택한다. 이데올로기에 대한 알튀세르의 설명에서도 이 용어는 그것이 라캉의 정신분석학에서 갖는 욕망이라는 함의를 갖는다. 다시 말해, 잘못 전달되거나 '오인된' 역사적 현실에서 이데올로기는 바람이나 욕망을 나타내는 것이다. 우리는 이데올로기 안에서 세계를 잘못 표상하고 있다. 왜냐하면 우리가 그렇게 하기를 **원하기** 때문이며, 그렇게 함으로써 우리에게 어떤 보상이나 이익이 있기 때문이다. 이러한 보상의 특성은 한 사회 내에서 개인이 처한 계급적 상황에 따라 달라진다. 이를테면 공장 노동자는 공장 소유주와는 다른 방식으로 신을 믿는다. 그러나 알튀세르의 관점에서 보면 모든 경우에서 이데올로기는 현실을 있는 그대로 표상하지 않는다. 왜냐하면 그것이 사람들이 원하는 바이기 때문이다. 알튀세르는 다음과 같이 말한다.

이데올로기 안에서 실제적 관계는 변함없이 상상적 관계에 투사되어 있다. 상상적 관계는 현실을 그대로 묘사하기보다는 (보수적이거나, 순응적이거나, 개혁적 혹은 혁명적인) **어떤 의지**, 희망 혹은 향수를 **표현**한다.(FM：234)

알튀세르는 이 이데올로기 이론에 두 가지 중요한 조건을 덧붙인다. 우선 이데올로기는 그 속에 살고 있는 모든 이에게 실제와의 상상적 관계를 표현하고 있기 때문에, 이데올로기는 지배계급이 착취계급을 기만하기 위해 퍼뜨리는 도구적 담론으로 여겨질 수 없다. 그는 이를 이데올로기의 '사제와 전제군주 이론'이라고 칭한다.

> 사제들과 전제군주들은 …… 사람들에게, 당신들이 신에게 복종한다고 믿는다면 사제들과 전제군주들에게도 복종해야 할 것이라는 **새빨간 거짓말**을 '날조해 냈다'. 그들은 종종 이러한 사기 행각에서 공조하곤 했던 것이다.(LP：153)

실제로 지배계급은 피착취계급이 그런 것처럼 그들만의 이데올로기로 살아간다고 알튀세르는 주장한다. 예를 들면, 병사들이 조국을 위해 사지로 나아가는 것이 그들의 의무라는 강력한 신념 없이는 어떤 장군도 병사들을 사지로 내보내지 않을 것이다. 알튀세르는 이렇게 쓴다. 즉, "지배계급은 지배적 이데올로기라 할 수 있는 그들만의 이데올로기와 실리와 교활함이라는 외적이고 명료한 관계를 유지하지 못한다".(FM：234)

이와 반대로, 부르주아지는 프롤레타리아트처럼 그들만의 이데올로기를 굳게 믿는다. 알튀세르가 설명했듯이, 모든 사람은 "자유롭고", 노동하거나 하지 않을 자유가 있으며 가능한 한 가장 낮은 임금으로 고용할 자유가 있다는 것을 "다른 이들에게 납득시키기 전에" "자기 계급의 〔그러한〕 신화를 믿어야만" 하는 것이다.(FM : 234)

둘째로, 한 사회의 이데올로기는 본래 그 사회 내 지배계급의 이데올로기로 구성되어 있다 할지라도 피지배계급 역시 이데올로기들을 생산해 내며, 이 이데올로기는 지배에 대한 그들의 저항을 표현한다고 알튀세르는 지적한다. 알튀세르가 부르주아의 이데올로기뿐만 아니라 프롤레타리아트의 이데올로기나 프티부르주아의 이데올로기라는 용어를 사용하는 것은 이러한 맥락에서이다. 알튀세르는 다음과 같이 쓴다. "일반적으로 이데올로기 안에서, 우리는 …… 서로 다른 사회 계급의 표상을 표현하는 실존의 **다양한 이데올로기적 경향**이 존재하는 것을 관찰할 수 있다."(PSPS : 30)

그러나 각각의 계급들이 이런 방식으로 그들만의 이데올로기를 생산해 낸다 할지라도, 종속된 계급의 이데올로기는 종속된 담론에 상응한다는 점을 알튀세르는 강조한다. 심지어는 프롤레타리아트의 저항이 부르주아 이데올로기의 용어로 표현되는 경향도 있는데, 왜냐하면 지배 이데올로기와 마찬가지로 이러한 용어들은 모든 계급이 무의식적으로 사고하고 말하게 되는 용어들이기 때문이다. 이것이 바로 "부르주아의 이데올로기

가 다른 이데올로기들을 지배한다"(PSPS:30)고 할 때 알튀세르
가 의미하고자 하는 바이다.

| 유브 갓 메일　　　　　　　　　　　　　　　　　|

알튀세르의 이데올로기 이론은 명백히 문화 연구에 영향을 주
고 있다. 다양한 문화적 형식 내에서 작동하는 지배적 이데올
로기에 저항한다는 것이 독자들의 역량에 비추어 볼 때 지극히
비관적이라고 비평가들이 종종 반론을 제기했음에도 불구하
고, 알튀세르의 이데올로기 이론은 대중문화 연구에 지속적으
로 영향력을 미치고 있다. 알튀세르가 주장하듯이, 대중문화의
산물은 실존의 실제적 조건과의 상상적 관계를 표현하여 독자
들에게 제공한다. 자본주의 생산관계의 중요성을 눈에 띄지 않
게 하려는 시도 안에서 자본주의 생산관계의 문제가 명백하게
불거지는 영화로 노라 에프런의 〈유브 갓 메일You've Got Mail〉(1998)
을 보자.

　이 영화의 여주인공 캐슬린 켈리(맥 라이언 분)는 뉴욕의 어퍼
사이드 웨스트에서 작은 어린이 서점을 운영하고 있으며, 남주
인공 조 폭스(톰 행크스 분)는 결국 캐슬린을 파산하게 만드는 대
형 체인 서점의 사장이다. 영화에서는 캐슬린과 그녀의 직원들
이 겪는 정신적 충격의 결과가 강조된다. 그녀는 이렇게 말한
다. "내 일부분이 죽은 것 같아. 그리고 아무도 그것을 다시 정

상으로 되돌릴 순 없어." 그런데 캐슬린과 조는 즐겨 하던 인터넷 채팅을 통해 서로의 이름을 모른 채 사랑에 빠지게 된다. 조는 그가 메일을 보내던 여자가 캐슬린인 것을 알게 되자마자 그녀의 정체를 추적한다. 캐슬린 또한 그녀가 메일을 보내던 상대가 조라는 것을 깨닫게 된 대단원 즈음, 그들의 경제적 관계와 그들의 애정 관계 간의 문제가 다음과 같이 명백히 제기된다.

> 조 : 만약 내가 폭스 서점의 사장이 아니고 당신도 길모퉁이 서점의 주인이 아닌 채로 우리가 그냥 만났더라면……
> 캐슬린 : 그러게요.

이 대단원 직전의 대사를 보면 자본주의사회 내에서 그들의 위치가 그들을 정의하는 것처럼 보인다. 그들의 삶은 생산관계 체계 내에서 그들이 점유하는 위치로부터 비롯되는 물질적 조건으로 결정된다. 그러나 마지막 장면에서 이는 사실이 아님이 밝혀진다. 자신이 사랑하게 된 사람이 조라는 것을 알게 된 캐슬린은 조에게 "정말 당신이길 바랬어요."라고 말하고, 영화는 둘의 키스로 대단원의 막을 내린다. 다시 말해, 인생에서 진정 중요한 것이 무엇이냐는 문제의 수준에서 볼 때 조는 폭스 서점이 아니고 캐슬린도 길모퉁이 서점이 아님을 알 수 있다. 그들이 살고 있는 자본주의사회의 생산관계 내에서 그들의 위치가 그들이 누구인지를 결정하지 않는다. 근본적으로 그들은 감정과 욕망의 중심인 개인이다. 그리고 무엇보다도 다른 개인과의 정서적 관계로 충만해지는 개인이다. 알튀세르의 용어를 빌리면, 이 영화는 그들 실존의 실제 조건과 맺고 있는 상상적 관계를 관객에게 표현하고 있다. 실제로 우리의 삶은 모든 면에서 우리가 살고 있는 자본주의 생산관계로 결정된다. 그러나 〈유브 갓 메일〉에서는 우리의 삶이 이렇게 결정되지 않는다고 명확하게 이데올로기적인 주장을 하고 있다. 경제적인 관계는 우리가 실제로 '누구인가'에 대한 부차적이고 중요하지 않은 부분이라고 영화는 관객에게 말하고 있다. 즉, 우리의 가장 근본적인 실제를 구성하는 것은 감정적인 관계라는 것이다.

〈유브 갓 메일〉에서는 영화로서의 그 어떤 미학적 가치도 찾기 어렵다. 심지어 '잘된' 로맨틱 코미디도 아니다. 재니스 래드웨이Janice Radway가 인터뷰한 로맨스 소설 독자들이, 여자를 범한 남자와 그 여자를 화해시키기도 전에 그 강간 사건을 지나치게 상세하게 다룬 소설을 '잘못된' 소설이라 생각했던 것(Radway 1984 : 157–85)과 정확히 마찬가지로, 이 로맨틱 코미디는 남녀 주인공의 사랑이 이 장르의 '잘된' 사례가 되는 것과 비교하여 자본주의의 중요성을 감추기도 전에 자본주의를 너무 명시적으로 다룬 것이다. 마슈레가 쥘 베른 분석에서 지적했듯이, 이데올로기가 말할 수 없는 그러한 종류의 실제들이 있다. 낭만적 사랑의 이데올로기에서, 경제적 관계는 개인적 관계가 그것을 대체해 버리는 한에서만 언급될 뿐이다. 이것이 〈유브 갓 메일〉의 작동 방식이다.

다만 이 로맨틱 코미디의 이데올로기는 우연히 제 한계와 마주하면서 약간 거북살스럽게 표명될 뿐이다. 대단원에서 조는 캐슬린에게 묻는다. "당신을 바람맞힌 사람은 용서해 주면서, 가게 문 좀 닫게 했기로서니 어떻게 나를 용서하지 않을 수 있는 거죠?" 이 장면의 로맨틱한 장치는 그것이 언급하는 사회 내의 경제적 관계의 착취적 본성을 소거하지는 못한다. 성공한 로맨틱 코미디는 주인공들의 경제적 삶을 결코 논의하지 않음으로써 이데올로기적 기능을 더 성공적으로 수행한다. 로맨틱 코미디는 이 경제적 현실을 말하지 않기 위해 존재한다.

이데올로기적 국가장치

맑스주의 이데올로기 이론에 대한 알튀세르의 가장 큰 공헌은 그의 논고 〈이데올로기와 이데올로기적 국가장치〉다. 이 논고는 생산관계의 재생산에 대한 그의 오랜 연구 성과를 담고 있다. 여기서 알튀세르는 사회를 작동시키는 생산관계를 사회가 어떻게 재생산하는지에 관한 문제를 제기한다. 생산관계는 항상 착취 관계였다. 그런데 어떻게 피착취계급은 자신들이 이렇게 계속 착취당하도록 방치할 수 있단 말인가?

이 문제에 대답하기 위해, 알튀세르는 '이데올로기적 국가장치' 개념을 전개한다. 맑스주의 이론에서 국가는 '국가장치'로 불린다. 지배계급의 경제적 지배를 지속시키는 제도의 총체로서의 국가장치에는 정부, 행정기관, 법원, 경찰, 감옥뿐 아니라

군대 등이 포함된다. 맑스주의 정치 실천의 역사를 징후적으로 독해하면서, 알튀세르는 국가장치가 서로 중첩되지만 구분되는 두 부류의 제도로 이루어져 있다고 주장한다. 징후적 독해에 따르면, 국가는 맑스주의 이론이 해명했던 것보다 훨씬 더 복잡한 현실로 취급되어 왔다. 그리고 맑스주의 이론이 이제까지 국가장치의 일부로 여겨 온 모든 것, 즉 지배계급이 자신들의 지배력을 강화하기 위해 사용하는 억압적 제도로 이루어져 있다. 알튀세르는 이를 "억압적 국가장치"라 칭한다. 그는 다음과 같이 쓴다.

> 국가장치State Apparatus(SA)는 정부, 행정, 군대, 경찰, 법원, 감옥 등을 포함한다. 이것들은 내가 앞으로 억압적 국가장치라 명명할 바를 이루고 있다. 억압적이라는 말은 문제가 되고 있는 이 국가장치가 "폭력을 통해 작동"함을 암시한다. 적어도 최종적으로는 말이다.(억압, 예를 들자면 행정적 억압은 비신체적 형태를 취할 수도 있기 때문이다.)(LP : 136)

다른 한편으로 국가는 '이데올로기적 국가장치Ideological State Apparatuses(ISAs)'라 불리는 것으로 구성되어 있다고 알튀세르는 주장한다. 이것은 다음과 같은 명백히 구분되고 특수화된 제도이다.

- 종교 ISA(다양한 교회 체제)
- 교육 ISA(다양한 공·사립학교 체제)

- 가족 ISA

- 사법 ISA

- 정책 ISA

- 직능조합 ISA

- 언론매체 ISA(신문, 라디오, 텔레비전 등)

- 문화 ISA(문학, 예술, 스포츠 등)(LP : 137)

억압적 국가장치(RSA)와 이데올로기적 국가장치(ISA) 간의 근본적인 차이는, RSA가 근본적으로 "폭력을 통해" 작동한다면 ISA는 근본적으로 "이데올로기를 통해"(LP : 138) 작동한다는 점이다. 알튀세르는 다음과 같이 더 명확히 밝힌다.

> (억압적) 국가장치는 주로 (신체적 억압을 포함하는) **억압을 통해** 작동하며, 이데올로기를 통해서는 부차적으로 작동한다.(순수하게 억압적인 장치는 존재하지 않는다.) ······ 이데올로기적 국가장치로 말하자면, 그것은 주로 **이데올로기를 통해** 작동하며 또 부차적으로는 억압을 통해서도 작동한다. 그것이 아무리 약하거나 혹은 은폐되어 있거나 심지어 상징적이라 할지라도 최종적으로는, 오직 최종적으로는 억압을 통해 작동한다.(순수하게 이데올로기적인 장치는 존재하지 않는다.)(LP : 136)

알튀세르가 의미하는 바는 다음과 같다. RSA는 그 사회적 기능을 수행한다. 즉, RSA는 지배계급 혹은 계급동맹이 무력 혹은 즉각적인 무력 사용 위협을 통해 자신들의 경제적 지배를 유지하려는 것이다. 만일 내가 경찰의 연행을 거부한다면 나는 유치장에 갇힐 것이다. 만일 법원이 내게 금고형이나 사형을 선고한다면 나는 그 선고에 따라야만 한다. 이러한 강제는, 내가 이 강제를 합법화하는 일련의 이데올로기적인 담론 속에 살고 있으므로 사회적으로 수용 가능한 것이 된다.

이데올로기적 국가장치(ISA)도 그 사회적 기능을 수행한다. 지배계급 혹은 계급동맹이 이데올로기적인 담론을 통해 그들의 경제적 지배를 유지하는 것이다. 예를 들면, 종교제도나 학교에서 나는 어떤 특정한 방식으로 사고하고 행동하도록 배운다. 그러나 만약 제도가 용납하는 선에서 사고하고 행동하기를 거부한다면, 나는 낮은 점수를 받게 되고 상위 집단에서 배제되며 나의 불만을 묵살당하고 문제아로 낙인찍히며 궁극적으로는 제도권으로부터 완전히 배제될 수 있다. 결론적으로, 억압적 국가장치와 이데올로기적 국가장치는 국가 질서를 유지하기 위해 서로 협력한다.

비록 외관상 이데올로기적 국가장치들은 이질적인 상이한 형태의 제도들이지만, 그것들을 작동시키는 이데올로기에 의해 통합된다고 알튀세르는 말한다. 미디어, 스포츠, '고급' 문화와 '대중'문화, 학교, 대학, 정당 등 다양한 이데올로기적 국가장치 안에서 지배 이데올로기는 작동 중인 일련의 이데올로기적 담론들을 항상 지배한다. 이러한 지배 이데올로기는 그 사회 내에서 발달되어 온 지배계급의 이데올로기다. 그런데 이데올로기적 국가장치는 사회의 지배 이데올로기를 전파시키는 근본적인 수단일 뿐만 아니라, 피착취계급의 이데올로기인 대립 이데올로기가 분명히 드러나는 장소이기도 하다고 알튀세르는 부언한다. 이데올로기적 국가장치 내에서 작동하는 담론들의 수준에서, 이데올로기적 국가장치는 **계급투쟁**의 장場이다. 알튀세르는 다음과 같이 쓴다.

> 권력을 잡은 계급(혹은 계급동맹)은 (억압적) 국가장치가 하듯이 손쉽게 이데올로기적 국가장치 내에 법을 부과할 수 없다. 이는 이전의 지배계급이 이데올로기적 국가장치 내에서 오랫동안 강력한 지위를 유지했기 때문일 뿐만 아니라, 피착취계급 또한 이데올로기적 국가장치 내에서 저항을 표현할 수 있는 수단과 기회를 찾을 수 있기 때문이다. 피착취계급은 이데올로기적 국가장치의 모순을 이용함으로써 혹은 이 장치 내에서 공세적 입장을 확보해 냄으로써 자신의 저항을 표현할 수 있다.(LP:140)

알튀세르는 발전된 자본주의사회체 내에서는 지배적인 이데올로기적 국가장치가 교육제도라는 테제를 개진한다. 유럽의 전前자본주의 시대의 지배적인 이데올로기적 국가장치는 교회였다. 교회는 종교적 기능뿐만 아니라 정치, 교육 그리고 문화까지 지배했다. 그래서 전자본주의 시대에서의 이데올로기적 투쟁은 주로 종교적이고 신학적인 담론의 수준에서 행해졌다. 이후 부르주아지의 경제적 지배가 우위에 서면서 그들은 교회의 수많은 이데올로기적인 기능을 교회로부터 앗아 왔다고 알튀세르는 기술한다.

> 낡은 지배적 이데올로기 국가장치에 대항하여 격렬한 정치적이고 이데올로기적인 계급투쟁으로부터 결과된 성숙한 자본주의사회체 내에서 **지배적인** 위치를 점한 이데올로기적 국가장치는 바로 **교육 이데올로기 장치**다.(LP : 144~45)

정확히 말하자면, 자본주의사회에서 '학교-가족'이라는 결속 관계가 '교회-가족'이라는 결속 관계를 대체하여 이데올로기적 제도의 지배적 집단이 되었다고 알튀세르는 덧붙인다. 알튀세르의 지적대로 4세부터 16세에 이르는 현대 자본주의사회 내의 모든 아이들은 하루에 여러 시간을 지배적 담론 속에서 그 사회의 기술과 관습을 교육받게 되었다. 아이들은 도덕, 종교 그리고 철학이라는 형태 하에서 지배 이데올로기를 직접 배우게 된다. 여기에 덧붙여 문학비평까지를 포함한 다양한 전문적 학문도 배우게 된다. 이러한 교육과정은 노동자가 되고자 하는 학생들 대부분에게는 16세까지 지속되고, 하급 및 중간 관리자가 되고자 하는 학생들 대부분에게는 18세까지 지속되며, 금융자본가·경영자·정치가·사제·교사와 같은 '직업적 이데올로기 생산자'가 되고자 하는 학생들 대부분에게는 21세까지 지속된다. 알튀세르의 주장에 따르면, 각 집단은 계급사회 내에서 그들이 맡게 될 역할에 그들을 가장 잘 끼워 맞추는 이데올로기에 의해 교육된다.

계속적으로 투입되는 각 대중들은 계급사회 내에서 그들이 수행해야 할 역할에 알맞은 이데올로기를 실제적으로 제공받는다. 즉, ('고도로 발달'되고 '전문화'된, '인종적'이고 '공민적'이며 비정치적인 의식의 성격을 갖는) 피착취계급이라는 역할, ('인간적 유대 관계'라 말하며 노동자들에게 명령을 내릴 수 있는) 착취 주체의 역할, (일방적으로 복종을 강요할 수 있고 정치 지도자의 수사적 선동을 획책할 수 있는) 억압 주체의 역할, (예의를 차려서 의식을 다룰 수 있는 능력, 다시 말해 경멸적으로 다룰 수 있는 능력, 그리고 도덕·미덕·'초월성'·국가·세계 내에서의 프랑스의 역할 등을 강조하는 것에 익숙해진 의식이 받아 마땅한 협박과 선동을 다룰 수 있는 능력이 있는) 직업적 이데올로기 생산자들의 역할에 알맞은 이데올로기를 말이다.(LP:147)

| 이데올로기는 물질적 실존을 가진다 |

이데올로기적 국가장치 개념을 개진하고 나서, 알튀세르는 이데올로기적 국가장치를 작동시킨다고 그가 주장하는 이데올로기가 무엇을 의미하는지를 규명해 나간다.

첫째로, 알튀세르는 "이데올로기는 물질적 실존을 가지고 있다"(LP:55)고 주장한다. 즉, 이데올로기는 원래 담론들로 이루어져 있고, 따라서 비록 그러한 담론들이 재현하는 관념들로 이루어져 있다 할지라도 결코 관념적인 현상이 아니라는 것이다. 설령 어떤 철학적인 이데올로기 내에서 이데올로기적인 관념들이 개인 주체의 마음속에 존재하는 것처럼 보일지라도 현실에서는 그렇지 않다는 것이 알튀세르의 주장이다. 내가 믿는 (예를 들면 기독교의 신앙 같은) 어떤 관념 체계 때문에 내가 어떤 규범적 실천(기도하는 것, 교회에 가는 것, 성체를 영하는 것 등과 같은)에 참여하고, 어떤 특정한 방식(기독교 윤리)으로 행동하며, 또 (교회와 같은) 단체의 일원이 되는 것은 더더욱 아니라는 것이다. 오히려 제도, 실천 그리고 종교의식이 내 관념 체계보다 선행하며 그 체계를 지배하고 있다고 알튀세르는 주장한다. 이것이 바로 알튀세르가 "이데올로기는 항상 장치 속에 그리고 그 실천 혹은 실천들 속에 존재한다"(LP:156)고 말할 때 의미하고자 하는 바이다.

관념이 행동에 선행한다는 이데올로기의 이데올로기적 관념에서조차 한 개인이 그의 신념 체계에 부합하지 않는 방식으로 행동한다면, 우리는 그 자신이 믿고 있다고 주장하는 것을 실제로는 믿고 있지 않다고 의심할 수 있다는 점을 알튀세르는 지적한다. 오히려 우리는 그가 실제로 행동하는 방식을 토대로 그가 뭔가 다른 것을 믿고 있는 것은 아닌지 의심할 수 있다. 통찰력은 이데올로기가 작동하는 방식 안에 숨겨져 있다고 알튀세르는 주장한다. 즉, 개인의 관념은 개인의 **실천들** 속에 존재한다는 것이다.

단일 주체에 한정해서 말해 보자면 그의 믿음, 신념의 존재는 물질적이다. 왜냐하면 **그의 관념은 물질적 실천들 속에 삽입되어 있는 물질적 행위이고, 그 물질적 실천은 물질적 의식에 지배되며, 그 물질적 의식은 물질적 이데올로기 장치에 의해 정의되고, 그 물질적 이데올로기 장치로부터 주체 관념이 파생되기 때문이다.**(LP : 158)

이데올로기적 국가장치는 논리적으로 그 장치의 개별 구성원들에 선행한다는 것이 알튀세르가 의미하는 바이다. 우리가 어떤 신념을 가지고 있기 때문에 이데올로기적 국가장치를 구축할 수 있는 것이 아니다. 오히려 이데올로기적 국가장치가 구축되어 있기 때문에 우리가 어떤 신념을 가질 수 있는 것이다. 모든 실천과 예식을 수반하는 제도라는 물질적인 장치는 그 구성원들의 신념을 지배한다. 관념은 개인 주체의 소유물이 아니라 계급사회의 일련의 이데올로기적 국가장치 내에서 이 개별 주체들이 처한 상황에서 비롯된다고 알튀세르는 주장한다.

| 이데올로기는 개인을 주체로서 호명한다　　|

개인 주체가 개인의 관념과 신념의 명백한 근원이라는 성찰을 통해 알튀세르는 이데올로기에 대한 본인의 주된 테제에 접근하게 된다. "이데올로기는 개인을 주체로서 맞이하거나 호명한다."(LP : 164)

이 테제의 의미를 풀어 보기 전에 우리는 우선 프랑스어 동사 'interpeller'의 의미를 이해해야 한다. 이것은 영어로 'hail'이나 'interpellate'로 번역된다. 영어에서 동사 'interpellate'는 모호성을 갖고 있지만, 프랑스어 'interpeller'는 훨씬 일상적으로 사용되는 말이다. 이 동사는 첫째로 '큰 소리로 부르다' 혹은 '누군가에게 외치다'를 의미하며, 다음으로 '질문하다', 특히 경찰이 용의자에게 질의하거나 '심문하는 것'을 의미한다. 경찰의 맥락에서 이 용어는 '심문하기 위해 호출하다'라는 의미가 있다. 그래서 프랑스어 'interpeller'를 영어로 번역할 때에는 기본적으로 'hail'이나 'interpellate'라는 두 가지 의미를 갖게 된다.

첫 번째 의미는 '큰 소리로 부르다'이다. 한 개인이 거리에서 또 다른 개인을 큰 소리로 부르는 것이다. 여기에 부수적으로 다음과 같은 것을 암시하기도 한다. 즉, 이는 종종 용의자를 심문할 때 경찰이 수행하는 행위이므로 이데올로기가 개인을 '큰 소리로 부를 경우' 그것은 법과 질서의 유지를 확보하는 행위이다. 알튀세르의 프랑스어 동사 'interpeller'는 이데올로기적 국가장치 개념을 전개하면서 그가 주장한 바, 즉 이데올로기는 경찰과 마찬가지로 국가를 위해 기능한다는 점을 반복해서 이야기한다.

'이데올로기는 개인을 주체로서 호출하거나 호명한다'라는 테제를 통해 알튀세르가 의미하고자 하는 바는, 무엇보다도 가장 근본적인 이데올로기의 범주, 즉 다른 모든 이데올로기적 범주와 개념들이 근거로 삼고 있는 범주는 '주체'의 범주라는 것이다. '주체'라는 용어가 처음 나타난 것은 바로 부르주아지의 이데올로기에서였다. 알튀세르에 따르면, 이전의 이데올로기에서는 '주체'라는 동일한 범주가 '영혼' 혹은 '신'과 같은 다른 이름으로 작동했다. 주체라는 개념 내에서 개인은 본인의 생각과 행동과 감정의 독자적인 근원으로 여겨진다. 알튀세르는 이를 다음과 같이 정의한다. "자유로운 주관성, 주도권의 중심, 행동의 창시자이며 행동에 책임을 지는 개인."(LP: 169)

우리가 알고 있듯이 알튀세르에 따르면, 사회는 그것을 구성하는 상호작용적 실천들 간의 일련의 복잡한 관계들로 구성되어 있다. 개인은 이러한 실천들 혹은 관계들을 결정하지 않는다. 오히려 이 실천들과 그것들의 관계가 그 안에 있는 개인들의 삶을 결정짓는다. 자기 자신을 결정하는 자유로운 주체 개념은 그러므로 이데올로기적인 개념이다. 실제로 모든 인간은 (최종 심급에서는 경제에 의해 결정되는) 복잡한 일련의 실천들에 삽입된 개인으로서 존재한다. 이 복잡한 일련의 관계를 통해 사회는 그 구성원들의 물질적 삶의 조건들을 생산한다.

그럼에도 불구하고 우리는 이러한 방식으로 우리의 삶을 생각하지 않는다. 우리는 철학이 '주체'라고 기술해 온 관점으로 우리 자신을 사유한다. 우리는 우리가 주체성, 개성, 심지어는 영혼 혹은 정신까지도 가지고 있다고 생각한다. 그리고 우리는 이러한 것들이 우리의 가장 근본적인 실제를 구성하고 있다고 생각한다. 왜일까? 알튀세르는 이데올로기 때문이라고 답한다. 실제로는 일련의 복잡한 사회적 실천들 속에 삽입됨으로써 자신의 삶이 결정되는 것이 개인임에도 불구하고, 이데올로기는 이 개인으로 하여금 그가 자유로운 주체이고 본인의 생각, 감정 그리고 행동의 근원이자 원천이라고 믿게 만든다. 알튀세르는 다음과 같이 기술한다.

> 이데올로기는 내가 호명 혹은 호출이라 명명한, 또 지극히 평범하고 일상적인 경찰(혹은 타자)의 호명, 즉 '이봐요, 거기 당신'으로 상상될 수 있는 매우 세밀한 조작을 통해 (모든) 개인들을 주체로 '구성'하거나 '변형'시키는 그러한 방식으로 '작동'하거나 '기능'한다.(LP : 162-63)

이를테면 이데올로기는 심지어 내가 태어나기도 전에, 내가 성장할 때 그리고 내 인생 전반에 걸쳐 '나'로서, '주체'로서, 정체성, 생각 그리고 행동의 근거지로서 나를 호명한다. 이것이 바로 알튀세르가 '호명'이라는 용어를 통해 의미하고자 하는 바이다. 즉, 이데올로기는 마치 거리에서 내 이름을 부르는 것처럼 나를 주체로 만든다. 비록 내가 자본주의적 생산양식의 실제 속에서 주체라는 이데올로기적 개념을 전혀 가지고 있지 않다고 해도, 이데올로기는 내가 주체라고 믿도록 만든다.

알튀세르는 기독교의 종교 이데올로기를 예로 든다. 이 이데올로기 안에서 이데올로기의 '주체'인 기독교인들은 교회의 이데올로기적 장치에 의해 불리거나 호명된다. 기독교인들은 신이 존재한다는 것과 신이 그들을 창조했다는 것, 그들이 신에 대해 의무가 있다는 것과 신을 기쁘게 하기 위해 어떻게 행동해야 하는지에 대해 듣는다. 심지어 신은 그들과 같은 인간이 되었으며 인간들도 신과 같이 될 것이라고 듣게 된다. 이것이 기독교인들이 스스로를 이해하고 행동하는 방식이다. 알튀세르는 이러한 사유와 실천의 체계 내에서 이데올로기가 개인을 주체로서 호명하는 여러 중요한 방법들의 측면을 인지한다. 첫째로 알튀세르는 다음과 같이 주장한다.

> 기독교의 종교적 주체를 구축하는 이 모든 절차는 이상한 현상에 지배된다. 유일하고 절대적으로 **타자**인, 즉 신이 있다는 절대적 조건 하에서만 이와 같은 종교적 가능 주체가 있을 수 있다는 사실이 그 현상이다.(LP : 166)

즉, 기독교 이데올로기는 첫째로 그것이 신이라는 개념을 통해 다른 주체, 이른바 근원적이고 완전한 주체를 실재하는 것으로 상정하는 한에서만 개인들을 주체로서 호명한다. 기독교 이데올로기적 국가장치 내에서, 개인에 선행하는 위대한 절대적 주체에 의해 그렇게 호명되는 한에서, 개인은 주체로서 자신을 사유하고 행동하는 법을 배운다. 이것이 바로 모든 이데올로기의 특징이며, 그것은 "유일하고 절대적인 주체의 이름으로 개인들을 주체로서 호명한다".(LP : 168)

기독교 이외의 이데올로기 내에서 하나의 주체가 기독교 신학에서 신이 사유되는 방식처럼 절대적인 방식으로 상정되는 사례는 극히 보기 드물다. 그럼에도 불구하고 알튀세르는 다음과 같이 말한다. 모든 이데올로기에서 주체는 일종의 모델이나 범례로서 상정된다. 이데올로기적 국가장치 내에 이 모델이 실재인 것으로 상정되고, 개인들은 이 모델을 토대로 자기 자신을 이해하고 행동한다. 개인들에 선행하는 상상적 주체에 근거하여 자신에 대한 이해를 체계화함으로써 개인들은 그들이 상상적 주체를 좋아하는 방식으로 그들 스스로를 사유하고 행동하게 된다.

둘째로, 이데올로기의 주체들은 두 번째 의미에서의 '주체'라고 알튀세르는 주장한다. 기독교 이데올로기적 국가장치 하에서 개인 주체들은 신에게 복종하도록 요청받는다. 알튀세르의 설명에 따르면, 주체는 절대적 주체the Subject에 종속된다. 이데올로기는 그것이 우리를 우리의 생각과 행동의 자유로운 주체로서 사유하게 한다는 그러한 의미에서만 우리를 주체로 호명하는 것이 아니다. 이데올로기는 또한 알튀세르가 정의한 주체, 즉 "종속된 존재이며 더 상위의 권위에 복종하고 그러므로 기꺼이 그의 예속을 받아들이는 것 이외에는 모든 자유를 박탈당한 주체"(LP : 169)라는 의미로도 우리를 호명하는 것이다.

이데올로기가 갖는 첫 번째 의미에서의 주체가 되면, 동시에 두 번째 의미에서의 주체도 된다. 다시 말해, 우리는 생산양식에 순종하고 복종하는 주체가 된다. 이데올로기적 국가장치는 이 생산양식 내에서 작동하며, 우리는 이 이데올로기적 국가장치 내에 속해 있는 것이다. 알튀세르가 설명하듯이 이데올로기의 주체는 "혼자 힘으로 작동한다"(LP : 169) 우리는 생산관계 체계 내에서 우리의 다양한 임무를 수행한다. 그 생산관계 체계는 뭔가 다른 관계 체계가 있을 수 있거나 있어야 한다는 논쟁 혹은 상상이 부재하는, 아주 명백하게 불신적인 착취의 체계이다. 이데올로기 내에서 우리가 외관상 자유롭고 책임 있는 주체처럼 보인다 할지라도, 실은 그와는 정확히 반대이다. 지배계급이 지배하는 경제적 이해관계 내에서 우리는 생각하라는 대로 생각하고 또 행동하라는 대로 행동하고 있다. 알튀세르는 다음과 같이 쓴다.

> 개인이 **절대적 주체the Subject의 명령에 기꺼이 복종하게끔 하기 위해,** **다시 말해 그가 (기꺼이) 자기 자신의 종속을 스스로 받아들이고, "독** 자적으로" 자신을 예속하는 제스처나 행동을 할 수 있게끔 하기 위해 개인은 (자유로운) 주체로서 호명되는 것이다. **복종에 의하지 않거나 복종을 위한 것이 아니라면 주체는 있을 수 없다.** 그렇기 때문에 주체들은 "독자적으로 작동"하는 것이다.(LP : 169)

| 사실주의의 주체 |

알튀세르주의의 문학비평은 개인을 주체로서 호명하는 데 사실주의 소설의 역할을 강조하고 있다. 《비평실천Critical Practices》(1980)에서 캐서린 벨지Catherine Belsey는, 19세기 사실주의 소설이 독자들을 주체로서 호명하는 이데올로기적 기능을 수행하는 방식에 역점을 두고 이러한 소설에 대한 일련의 독해를 제시한다.

벨지가 인정하듯이 여기서 통고는 필수적이다. 독자들을 호명하는 것은 소설 그 자체가 아니다. 소설은 문화적 맥락에서 벗어나서 '그 자체'로 존재하지 않는다. 오히려 독자는 문화와 교육이라는 이데올로기적 국가장치 내에서 소설을 읽는다. 그 이데올로기적 국가장치의 기준과 관습은 한편으로는 소설을 소비하고 연구할 가치가 있는 대상으로서 만들어 내며, 다른 한편으로는 그 소설을 읽는 것이 당연하거나 옳게 여겨지도록 하는 환경들을 구성한다. 그래서 만약 사실주의 소설이 자본주의사회의 이데올로기적 국가장치 내에 이데올로기적 영향력을 행사한다면, 그것은 이 이데올로기적 국가장치를 구성하는 실천들 내에서 작동하는 이데올로기가 우리로 하여금 사실주의 소설에서 이러한 영향력을 생산하도록 유도하기 때문이다.

우리가 사실주의 소설을 독서하는 데 사용하는 이데올로기적 코드 내에서 사실주의 소설은 어떻게 우리를 주체로서 호명하는가? 첫째로, 사실주의 소설은 사회적 행동을 지배하는 것이 무엇보다도 등장인물이라는 그러한 원리에 입각한 해석을 위해 제공된다고 벨지는 주장한다.

> 고전적 사실주의는 통일되고 수미일관한 등장인물이 행위의 원천이라는 가정을 그 이해가능성의 '자명한' 토대로 내세우는 경향이 있다. 주체성은 고전적 사실주의에서 주요한 하나의 테마, 아니 그 보편적 주요 테마인 것 같다.(Belsey 1980 : 73)

사실주의의 등장인물들은 문화 이데올로기적 국가장치 내에서 알튀세르의 '절대적 주체'의 예로서 독자 앞에 등장한다. 등장인물들은 이를테면 우리가 스스로를 그들과 같이 안정되고 통합된 캐릭터로 여기도록, 무엇보다도 우리 행동의 주인이 우리 자신이라고 생각하도록 요청한다. 제인 에어나 데이비드 카퍼필드와 같은 등장인물들의 이야기를 읽으면서 나는 나 자신이, 나의 이야기가 그들과 유사하게 의미 있는 방식으로 진행되는 그러한 등장인물인 것처럼 여기게 된다. 나 자신을 내 이야기의 중심으로 여기게 되는 것이다.

엘리자베스 시대의 극과 같은 이전의 문학 형태에서는 수많은 등장인물들이 서로 거의 구별되지 않는 누군가로 나타난다고 벨지는 지적한다. 그녀가 주장하듯이, 그들의 유일한 차이점은 바로 그들의 운명이다. 그런데 사실주의 소설에서 인물들이 등장하는 것은 대개 그들의 운명이 그들 개인의 성격으로부터 비롯된 것임을 보여 주기 위함이다. 예를 들어, 《미들마치 Middlemarch》에서, 도로시아 브룩이 제임스 체텀 경의 청혼을 거절하고 그녀의 여동생 셀리아가 그와 결혼했을 때, 이 행동은 이 두 등장인물의 성격 차이에서 비롯된 것이다. 조지 엘리엇George Eliot은 이 성격 차이를 묘사하는 데 엄청난 지면을 할애한다. 이와 같은 등장인물들의 이야기를 읽으며 나는 나 자신의 성격이 내 인생에서 결정력을 갖게 된다고, 소설과 유사하게 생각하게 된다.

둘째로 사실주의 소설은 독자가 '연루되는' 특수한 관점에 입각하여 기술함으로써 독자를 호명하거나, 내러티브 내에 독자를 주체로서 참여시킨다고 벨지는 지적한다. 예를 들면《제인 에어Jane Eyre》에서 독자는 직접적으로 "당신"으로서, 암시된 작가의 "나"와 동등한 주관성의 장소로서 호명된다. 독자는 사건들이 개별 등장인물의 관점에서 기술되는 것처럼 아주 빈번하게 사실주의 내러티브 '내에' 위치한다.《주홍글자The Scarlet Letter》의 다음과 같은 절에서처럼 말이다.

> 주홍글자를 단 여인이 뭇사람의 매서운 주시를 받고 있다는 강렬한 의식에서 마침내 놓여난 것은 군중의 언저리에서 그녀의 생각을 단숨에 사로잡은 한 인물을 알아본 때였다.(Hawthorne 1983:56)

이 대목에서 독자는 마치 등장인물 중 한 명의 경험 내에 있는 것처럼 텍스트를 이해해야 한다. 즉, 독자는 주체의 입장에 서도록 직접 요청받는다. 또 서술자의 관점은 한 인물에서 또 다른 인물로, 그리고 등장인물에서 서술자로 이동한다. 이는 사실주의 소설에서 변함없이 일어나는 일이라고 벨지는 말한다.

> 이 경우에 독자는 주체의 관점에서 언표 주체, 즉 언표 '내에' 기입된 주어〔인물〕의 관점에만 연루되는 것이 아니라 발화 주체, 즉 〔인물의〕 경험을 독자에게 제시하는 서술 주체의 관점에도 연루된다.(Belsey 1980:77)

독자는 서술자의 관점으로 텍스트를 이해해야 하기 때문에, 마치 등장인물들의 이질적이고 상충되는 모든 관점이 집중되는 서술자의 주관적 경험 내에 있는 것처럼 텍스트를 읽게 된다. 그래서 사실주의 소설의 서술자는 '전지적인' 절대적 주체 혹은 '신'이라는 알튀세르식 용어로 묘사되곤 한다. 이 경우 독자는 이런 종류의 주체의 입장에 입각해 독서를 하도록 요청받는다. 만약 1인칭 서술자가 신뢰할 수 없는 방식으로 존재한다면 독자가 내러티브를 이해하는 인식의 입장은 함축적 저자의 입장, 즉 신뢰할 수 없는 서술자까지를 내포하는 발화 주체의 입장이라고 벨지는 덧붙인다. 양자의 경우에 모두 독자는 주체로서 내러티브에 연루된다. 그 주체의 경험 내에서 그 내러티브의 외관상 상충되는 것처럼 보이는 모든 사건은 의미를 갖게 된다. 독자는 이렇게 주체로 호명되는 것이다.

알튀세르의 말에 따르면, 사실주의 소설의 이데올로기적 기능은 이러한 호명장치에 있다. 소설을 읽는 것이 내가 나 자신의 사유와 행동의 중심이며, 내 삶을 이해할 수 있고 결정할 수 있다는 나의 신념에 공헌한다면, 내 삶이 사실은 자본주의 생산관계 체제 내에서 내가 점하는 위치로써 결정된다는 것을 결코 이해할 수 없게 된다.

개인을 주체로서 호명하는 이데올로기

알튀세르가 보기에, 이데올로기는 과학과 달리 사회의 실제를 표상하지 않는 사회 내 모든 담론들의 이름이다. 그것은 사람들이 현실과 맺는 관계를 '체험하는' 방식이다. 즉, 이데올로기는 "개인이 그들의 실제적 실존 조건과 맺는 상상적 관계"를 표현한다. 알튀세르는 본인의 가장 영향력 있는 논고에서, 이데올로기는 제도나 이데올로기적 국가장치 내에서 일련의 실천들로서 물질적으로 존재한다고 주장한다. 이데올로기적 국가 장치는 주로 이데올로기에 의해 기능하며 한 사회의 지배 이데올로기에 의해 작동하는 제도이다. 이러한 사회적 기능은 억압적 국가장치로 확보되며, 억압적 국가장치는 주로 힘을 통해 작동한다. 대학, 문학을 연구하는 학문, 출판 산업과 영화 및 미디어 같은 다양한 문화 산업들이 모두 이데올로기적 국가장치다. 대항 이데올로기의 장이 있다 할지라도, 그것은 본래 자본주의사회의 지배 이데올로기를 영속화시키는 기능을 한다. 이 이데올로기 중에서 가장 근본적인 것이 주체에 대한 휴머니즘적 이데올로기다. 알튀세르에 따르면, 심지어 부르주아지의 대두 이전에도 모든 이데올로기는 '개인'을 주체로서 호명했다. 이데올로기는 우리가 철학적 의미에서의 주체, 즉 자유롭고 책임 있는 사유와 행동의 주체라고 믿게 만들며 그렇게 함으로써 우리가 정치적 의미에서 지배계급에 종속된 주체로 계속 남아 있게 만든다. 착취계급과 피착취계급 모두 자유롭다고 믿게 함으로써 이데올로기는 우리 대부분이 자유로운 주체가 될 수 없게 만든다.

제 5 장

미학적 유물론
: 문학과 예술에 대한 논고

Louis Althusser

알튀세르는 활동기에 여러 편의 문화 비평을 썼고, 미학에 대한 논고도 썼다. 이번 장에서는 이 논고들을 검토할 텐데, 우선 알튀세르가 예술과 이데올로기의 관계를 설명하기 시작하는 〈예술에 대한 서신Letteres sur la connaissance de l'art(réponse à André Daspre)〉(1966)부터 살펴볼 것이다.

사실 알튀세르의 설명은 그 자체가 이데올로기적이라고 비판받기도 한다. 그의 이론 자체가 이데올로기 속에서 생산된 작품들과 그 이데올로기의 관계에 초점을 맞추기는 하지만, 알튀세르의 문화 비평은 그가 이데올로기 비판을 식별해 낼 수 있는 작품들에 초점을 맞추고 있는 것이 사실이다. 자본주의사회의 이데올로기로 작품들을 읽는 것이다.

이 장에서는 그의 가장 상세한 비평 작업, 즉 밀라노의 극작가인 카를로 베르톨라치Carlo Bertolazzi(1870~1916)에 대한 논고와 독일 사회주의 극작가 베르톨트 브레히트Bertolt Brecht(1898~1956)에 대한 논고, 그리고 이탈리아 화가 레오나르도 크레모니니Leonardo

Cremonini(1925~)에 대한 논고에 초점을 맞출 것이다. 이 모든 경우에서 알튀세르는 문화 이데올로기적 국가장치에서 읽어 낼 수 있는 이데올로기에 대한 어떤 비판을 그들의 작품 구조 내에서 발견한다.

| 알튀세르의 미학 |

〈예술에 대한 서신〉(1966)에서 알튀세르는, 알튀세르의 이데올로기 이론 내에서 예술이 차지하는 위치에 대한 문제를 다룬 바 있는 공산주의 비평가 앙드레 다스프르André Daspre에게 답한다. 예술은 우리에게 어떤 종류의 지식을 제공해 준다는 다스프르의 주장에, 알튀세르는 다음과 같은 예술론의 원리를 설정한다.

첫째로 그는 다음과 같이 쓴다. "**나는 이데올로기들 안에 진정한 예술을 놓지 않는다.** 비록 예술이 제법 특별하고 구체적인 관계를 '이데올로기'와 맺고 있긴 하지만 말이다."(LP : 203) 알튀세르는 예술이, 과학이 지식을 생산하는 것과 같은 방식으로 지식을 생산하지는 않으며, 오히려 예술은 지식과 "어떤 **특별한 관계**를 유지한다"고 주장한다.(LP : 204) 예술은 우리에게 지식을 제공해 주는 것이 아니라 지식에 관련된 어떤 것을 제공한다. 알튀세르는 더 정확히 다음과 같이 쓴다.

예술의 특성은 현실을 **암시하는** 무언가를 우리로 하여금 '보게 하고 nous donner àvoir', '지각하게 하며', '느끼게 하는' 것이라고 나는 믿는다. ······ 예술이 우리로 하여금 **볼** 수 있게 해 주는 것, 그러므로 '**보고**' '**지각하고**' '**느낄**' 수 있는 형태로 우리에게 제공하는 것은 (**지식**의 형태가 아니라) **이데올로기**의 형태, 즉 예술이 비롯된 **이데올로기**이며 예술을 감싸고 있는 이데올로기, 예술이 예술로서 그것으로부터 출현하는 이데올로기 그리고 예술이 **암시하는** 이데올로기의 형태인 것이다.(LP : 204)

알튀세르가 보기에 이데올로기에 대한 인식을 생산하는 것은 과학뿐이다. 그러나 비록 예술이 우리로 하여금 과학적 개념 내에서 이데올로기를 인식할 수 있게 해 주지는 못한다 해도 그 이데올로기를 "볼" 수는 있게 해 준다. 예술은 우리가 그것을 내부에서 볼 수 있게 해 준다면, 과학은 이데올로기에 대한 인식을 그것의 외부에서 생산한다고 할 수 있다.

위대한 소설을 예로 들자면, 그것은 그 소설이 씌어진 바탕이 되는 이데올로기에 대한 관점, 이를테면 사적유물론이라는 과학이라면 제공해 줄 수 있는 관점을 우리에게 제공해 주지는 않는다. 사적유물론이라는 과학은 아마도, 그 소설이 씌어진 바탕이 되는 복잡한 사회 전체를 상세하게 재구성함으로써 그 소설의 소재, 즉 사회 전체 내에 있는 그 소재를 구성하는 이데올로기들의 본성과 기능을 설명할 수 있을 것이다. 알튀세르가 '진정한' 혹은 '본래적인' 예술이라 부르는 것은 일종의 내적 간극décalage을 통해 우리가 이러한 이데올로기적 담론을 객관적으로 볼 수 있게 해 준다. 그 예술은 그것이 탄생된 바탕인 이데올로기를 우리가 **이데올로기로서**, 즉 우리가 세계를 이해하는 일상적인 방식들 중 하나로서 보거나 느끼거나 지각할 수 있게 해 준다.

> 발자크와 솔제니친은 그들의 작품이 암시하고 또한 그들의 작품에 끊임없이 공급되는 이데올로기의 '관점', **후퇴**를 상정하는 관점, 그들의 소설이 출현하게 되는 바로 그 이데올로기와의 **내적 거리두기**를 우리에게 제공한다. 발자크와 솔제니친은 그들이 사로잡혀 있는 바로 그 이데올로기를, 어떤 의미에서는 **내부에서, 내적 거리**를 통해 우리가 '지각'하도록 (그러나 인식하지는 못하도록) 만든다.(LP : 204)

이런 이유로 알튀세르는 예술과 과학은 둘 다 서로 다른 방식으로 현실의 모든 양상을 언급한다고 말한다. "예술과 과학의 진정한 차이는 그것들이 어떤 대상을 제시하는 특정한 형식에 있는데, 둘 다 같은 대상을 꽤나 다른 방식으로 우리에게 제시한다."(LP : 205) 말하자면 예술은 '시각'의 형식으로, 과학은 '인식'의 형식으로 말이다. 솔제니친A. Solzhenitsyn의 소설 《이반 데니소비치의 하루Odin den'Ivana Denisovicha》(1962)는 스탈린주의적 '개인숭배' 이데올로기 내에서의 삶의 경험을 보여 줄 수 있다. 결과적으로 이 소설은 우리가 그 이데올로기를 비판하도록 유도할 수 있다. 비록 사실주의 소설이 우리가 앞 장에서 논의한 바 있는

'호명'이라는 이데올로기적 기능을 가진다 할지라도, 만일 그것이 본래적인 예술이라면 그것은 또한 우리에게 그 소설이 생산된 바로 그 이데올로기에 대한 비판적 시각을 제공해 줄 수 있다고 알튀세르는 지적한다. 이데올로기의 "효과들을 바로잡는 수단을 규정할" 수 있는 것은 어쨌든 사적유물론이라는 과학뿐이다.(LP : 205)

예술은 사회의 토대가 되는 착취 관계를 영속화하는 이데올로기들에 대한 비판적 관점을 제공할 수 있다. 이러한 관계들을 변화시킬 방법을 역사에 대한 맑스주의적 과학에서 취하면 된다. 그러므로 문학비평가들에게 필요한 것은 문학에 대한 과학적 담론을 전개하는 것이다. 그러한 담론은 반드시 **맑스주의의 기본 개념들에 대한 엄밀한 성찰**"로부터 시작되어야 한다.(LP : 207)

> 만일 우리가 …… 미학적 자발성이라는 이데올로기적 개념들 내에서가 아니라 그 대상에 적절히 조응하는 과학적 개념, 따라서 필연적으로 **새로운** 개념들 내에서 바르게 〔사유〕할 수 있기 위해 '맑스주의의 기본 원리들'로 되돌아가야만 한다면, 그것은 예술을 조용히 스쳐 지나가거나 혹은 과학을 위해 예술을 희생하기 위함이 아니라 단순히 예술을 **인식하기** 위함이며 또 예술에 대해 인정할 것은 인정하기 위함이다.(LP : 208)

비평가들은 알튀세르가 이 논고에서 연구하는 '진정한 예술'

이라는 개념에 반대해 왔다. 《형식주의와 마르크스주의》에서 토니 베넷은 알튀세르가 이전의 맑스주의적 미학자들이 그러했던 것처럼 부르주아 미학의 이데올로기적 문제와 인식론적으로 단절하는 데에는 이르지 못했다고 주장한다. 알튀세르는 문학에 대한 맑스주의적 과학의 전개를 주장하지만, 맑스주의적 과학에 대한 알튀세르의 논리에 따르면 그는 그러한 담론의 실천을 시작한 적도 없다는 것이다.

첫째로, 알튀세르는 맑스주의적 과학이 휴머니즘 이데올로기와의 단절을 표방한다고 주장하는데, "평균적인 혹은 범상한 수준의 작품"(LP:204)이 아닌 진정한 예술이라는 개념은 정확히 휴머니즘 이데올로기와 같은 것에서 비롯된 가치들에 의존하고 있다.

둘째로, 예술에 대한 알튀세르의 개념 자체가 작품들이 생산되는 역사적 조건이 서로 크게 다름에도 불구하고 특정한 본질적 속성을 공유하는 일군의 작품들의 실존을 인정한다. 이것은 부르주아 미학이 인정하는 바이며, 문화적 작품의 생산 조건이 모든 측면에서 문화적 작품을 한정한다고 여기는 사적유물론의 분석에 부르주아 미학이 끼어들 여지는 없다고 베넷은 지적한다. 이 점은 알튀세르가 '문학'이라는 범주를 그보다 더 보편적 범주인 '예술' 내에 상정한다는 사실에서 특히 분명하게 드러나며, 이 점은 예술 형식들이 사회적 관습에 따라 물질적 차이를 가짐에도 불구하고 모든 예술 형식에 공통된 일련의 속성들이 있다는 원칙 하에서만, 즉 사적유물론에서는 거부하는 원칙

하에서만 가능하다.

베넷이 보기에 알튀세르의 〈예술에 대한 서신〉은 여전히 미학의 전前과학적 문제계 내에 머물러 있다. 만약 문화적 생산에 대한 맑스주의 과학이 만들어져야만 한다면, 그것은 '예술'론이나 '문학'론으로 이루어져서는 안 될 것이다. 왜냐하면 '예술'이나 '문학'이 이데올로기적 개념들이기 때문이다. 오히려 "모든 다양한 문화적 실천" 가운데 '예술'과 '문학'을 통해 지시되는 작품은 그 일부에 지나지 않는다는 사실을 인정해야 한다. 베넷은 "서로 다른 허구적 글쓰기 형식과 그것들이 암시하는 이데올로기들 사이에 존재할 수 있는 서로 다른 관계들에 대한 역사적으로 구체적인 분석"이 필요하다고 쓴다.(Bennett 2003 : 108)

| 유물론적 연극 |

사실 알튀세르의 문화 비평은 〈예술에 대한 서신〉이 암시하는 것보다는 그다지 고전 미학의 범주에 의존하지 않는다. 그의 첫 번째 비평인 《피콜로 극장》, 베르톨라치와 브레히트. 유물론적 연극에 대한 소고〉(1962)는 철저하게 '대중적인' 형식의 문화적 생산물인 멜로드라마에 대한 분석이었다. 밀라노 피콜로 극장 Piccolo Teatro di Milano은 파올로 그라시Paolo Grassi(1919~1981)와 조르조 스트렐러Giorgio Strehler(1921~1997)가 교양 있는 대중 관객들에게 극장을 제공할 목적으로 1947년에 세운 것이다.

알튀세르는 논고 첫 부분에서 스트렐러가 제작한 카를로 베르톨라치의 밀라노식 연극 작품 〈가난한 자들La Povera Gent〉(1893)을 분석한다. 베르톨라치는 이 연극을 '우리 밀라노El Nost Milan'라 이름 붙인 3부작의 첫 번째 작품으로 기획했다. 스트렐러는 베르톨라치의 4막짜리 연극을 3막 작품으로 압축하여 '우리 밀라노'라고 이름 붙였다. 알튀세르는 무엇보다도 먼저 이 연극이 "그 내적 해체 때문에 주목할 만하다"고 지적한다.(FM:134) 스트렐러가 제작한 작품의 세 막은 모두 비슷한 구조로 되어 있다. 모든 막에서 거의 대부분의 시간 동안 수많은 익명의 등장인물들이 하릴없이 서로 교류한다. 그러고는 각 막의 마지막 몇 분 동안 세 인물 간에 비극이 일어난다. 프롤레타리아 소녀와 그 아버지, 그리고 전형적으로 "아무짝에도 쓸모없는" 캐릭터인 이 소녀를 꼬시는 데에만 혈안이 되어 있는 토가쏘.

알튀세르는 그의 논고 중 첫 번째 부분에서 연극의 줄거리를 요약한다. 1막의 무대는 1890년대의 싸구려 장터이다. 이 막 대부분에서는 수많은 노동자들뿐만 아니라 노동자 축에도 못 끼는 등장인물들, 즉 실업자와 거지, 도둑 그리고 창녀들이 장터의 다양한 좌판들 사이를 오간다. 그리고 막의 마지막에 이르러 "눈 깜짝할 새에 '이야기'가 소묘된다".(FM:132) '니나'라는 이름의 소녀는 서커스 텐트 안에서 눈물을 글썽이며 어릿광대를 물끄러미 쳐다보고 있다. 그리고 그녀를 꼬시고 싶어 하는 토가쏘가 그런 그녀를 바라보고 있다. 그녀는 그에게 반항하며 급히 자리를 뜬다. 이 모든 것을 지켜본 그녀의 아버지, 불을 먹는 묘기를 부리는 사람인 페폰이 나타난다. 2막의 대부분에서도 우리는 여전히, 익명의 하층민들이 하릴없이 교류하는 것을 보게 된다. 다만 이번에는 무료급식소가 무대이다. 이 막의 끝에서 니나가 다시 나타나고 우리는 어릿광대가 죽었다는 것을 알게 된다. 토가쏘는 니나에게 키스를 강요하며 얼마 되지 않는 그녀의 돈까지 빼앗으려 한다. 그때 페폰이 나타나서는 격투 끝에 토가쏘를 죽이고 도망간다. 3막도 같은 구조로 되어 있다. 이번 무대는 여성 야간 쉼터이다. 이 막의 끝에서 모든 등장인물들이 떠나고 거기서 자고 있던 니나가 남는다. 그녀의 아버지는 감옥에 가기 전에 자신이 살인을 저지른 것이 딸의 명예를 위해서였음을 납득시키기 위해 그녀를 보러 온다. 그러나 그녀는 그런 거짓말들로 자기를 키워 왔다면서 아버지에게 대든다. 니나는 가난의 세계를 떠나 돈과 쾌락이 지배하는 또 다른 세계로 들어가기 위한 대가를 치르고 자신을 팔게 될 것이다. 니나의 아버지는 상처를 받고 떠나지만, 어떻게 자신을 지켜야 하는지를 아는 니나는 햇빛 속으로 당당히 걸어 나간다.

알튀세르는 연출된 이 작품의 세 막이 같은 구조 그리고 거의 동일한 내용을 갖고 있다고 지적한다. 길고 느린 "공허한" 시간, 수많은 등장인물들로 북적거리는 시간에 이어서 "번개와 같은 찰나"의 "충만한" 시간이 오며, 그 안에서 세 등장인물들이 비극적 이야기를 전개하는 것이다. 알튀세르는 다음과 같은 사실도 지적한다. 즉, "이 두 시간 간에, 혹은 이 두 공간 사이에는 **명확한** 관계가 없다"는 것이다.(FM:134) 공허한 시간의 등장인물들은 충만한 시간의 등장인물들과는 무관해 보이며, 한 막의 마지막에서 그들에게 자리를 양보한 후에는 그저 다음 막의 시작 부분에서 또 다른 형식으로 재등장할 뿐이다. 그런데 이 두 시간 간의 이 같은 분리가 관객들에게 가장 강력한 미학적 반응을 불러일으킨다고 알튀세르는 주장한다. 그리고 이 분리가 이 연극 내부에서 어떻게, 그리고 왜 작동하는지를 묻는다.

"그 답은 역설 안에 있다. 즉, 진정한 관계는 바로 관계들의 부재로 이루어진다는 것이다."(FM:135) 이 극의 첫 번째 시간 양태, 즉 "연대기"적 시간 내에서는 알튀세르가 말한 바와 같이 1890년대 밀라노 하층민들의 실존이 그려진다. 두 번째 시간 양태, 즉 "비극"의 시간에는 멜로드라마가 상연된다. 더 정확히 말하자면, 니나 아버지의 "멜로드라마적 의식", 즉 자신의 딸의 명예가 더럽혀졌으므로 이러한 침해에 피로 복수해야 한다는 생각으로 인한 비극적 사건이 상연된다. 이것은 멜로드라마적 의식과 밀라노 하층민들의 생활 간의 관계가 부재하다는 것을 말해 주며, 이 극의 구조가 이를 표현한다는 것이다.

이 관계의 부재는 무엇을 의미하는 것일까? 첫 번째로 우리는 이 극에서 공허한 시간의 의미를 이해해야 한다고 알튀세르는 말한다. 공허함을 나타내는 이 연극적 장치의 핵심은 이 시대의 내용을 묘사하는 데에 있다.

이것은 아무 일도 일어나지 않는 시간, 희망이나 미래가 없는 시간, 과거조차도 반복 속에서 고정되어 버린 시간. …… 그리고 공장을 지탱하는 노동자들은 정치적으로 어눌하기 때문에 미래를 모색할 수도 없는 시간. …… 한 마디로 말해, 절대적 역사와 닮은 그 어떤 것도 아직은 일어날 수 없는 정체된 시간, 즉 공허한 것으로 여겨지는 공허한 시간. 요컨대 그것은 그들의 상황 자체인 그러한 시간이다.(FM:136)

극 중 하층민들의 시간에는 아무런 **역사**도 없다. 그들은 자신들의 삶을 제어하거나 자기 삶의 주체가 되지 못하고, 그러한 통제나 주체에 대한 이데올로기적 환상조차 갖지 못한다. 그들은 다른 이들, 즉 부르주아들의 게임에서 장기말 역할을 하고 있으며 그들도 이를 알고 있다. 그들은 그 상황이 언젠가 바뀔 것이라는 희망조차 없다. 다른 한편, 비극의 시간에서는 상황이 더 이상 그렇지 않다. 여기에는 "어떤 역사가 반드시 일어나야 하는" 시간, 고유한 "내적 갈등", 즉 니나와 그 아버지 그리고 토가쏘 간에 일어나는 갈등이 유발하는 고유한 발전을 전개시키는 시간이 있다. 갈등이 진행됨에 따라 이 시간은 그 고유의 역사를 발생시키기 때문에, 알튀세르는 이러한 시간을 "변증법적 시간"이라고 부른다.(FM:137) 그러므로 베르톨라치의 연극에서 이 두 시간 양태 간의 대립은 다음과 같이 요약될 수 있다.

한편으로는, 아무 일도 일어나지 않는 비非변증법적 시간, 행위를 강제하는 내적 필연성이 없는 시간이 있고, 다른 한편으로는 시간의 전

개와 결과를 발생시키는 시간의 내적 모순이 야기하는 (갈등의) 변증
법적 시간이 있다.(FM:138)

〈우리 밀라노〉의 역설은 그 내부에 있는 변증법, 즉 극의 줄
거리를 발생시키는 등장인물들 간의 갈등이 극의 가장자리에서
만 상연된다는 것, 다시 말해 무대의 한 구석에서 각 막의 끝에
상연된다는 사실에 있다고 알튀세르는 쓴다. 왜냐하면 "그것은
다름 아닌 의식의 변증법", 니나 아버지의 의식의 변증법이기
때문이다.(FM:138) 알튀세르가 보기에 의식은 독립된 실존을 갖
지 않으며, 그 의식이 자리하는 사회적 실천들의 복잡한 구조
에 의해 결정된다. 그러므로 진정한 변증법, 즉 본래적으로 사
회적 현실을 표현하는 줄거리를 생산하기 위해서라면 이 연극
은 등장인물들 가운데 오직 한 사람의 의식 내에만 존재하는
변증법을 비판해야 한다. 알튀세르의 관점에서는, 정확하게 바
로 이런 비판이 행해진 것이다.

니나 아버지의 의식은 멜로드라마적이다. 그는 멜로드라마의
구성 요소인 청순, 순결, 명예, 복수 등의 이데올로기적 개념
들 속에서 살며, 이러한 이데올로기적 개념들을 가지고 니나와
본인과 토가쏘의 이야기를 끌고 간다.《신성가족Die heilige Familie》
(1845)에서 맑스는 외젠 쉬Eugène Sue가 감상적 소설《파리의 미스
터리Les Mystères de Paris》(1843)에서 사용한 방식, 즉 프롤레타리아
등장인물들의 삶을 그들 삶의 현실과는 무관한 부르주아의 종
교적이고 도덕적인 관념의 용어로 표현한 방식을 비판한 바 있

다. 알튀세르는 니나 아버지가 니나와 그 아버지 그리고 토가쏘 간의 관계를 이해하기 위해 사용하는 멜로드라마적 관념의 용어들도 마찬가지라고 주장한다. 그 용어들은 이 등장인물들이 경험하는 물질적 삶과는 무관하다는 것이다. 그는 다음과 같이 쓴다.

> 멜로드라마적 의식의 변증법은 다음과 같은 대가를 치르는 한에서 만 가능하다. 즉, 이 의식은 반드시 바깥(변명과 순화 그리고 부르주아 도덕성에 대한 거짓말의 세계)에서 빌려 와야 하고, 반드시 하나의 조건 (빈자의 조건)에 대한 **보편적** 의식으로서 체험되어야 한다. 이 빈자의 조건이 이 보편적 의식과는 철저하게 무관한 것임에도 불구하고 말 이다.(FM : 140)

그렇다면 니나 아버지가 끌고 가는 줄거리는, 그가 본인의 멜로드라마적 이데올로기를 그의 사회적 위치의 현실로서 경험하는 한에서는, 그가 속한 계급의 진정한 사회적 관계가 표출되는 극의 '연대기' 부분과 무관할 수 있다. 이것이 이 연극의 두 시간 양태가 맺는 관계의 부재가 의미하는 바라고 알튀세르는 말한다. 이는 비극적 줄거리의 전개를 지배하는 이데올로기가, 극중 등장인물들이 경험하고 또 연대기적 시간 속에서 표출되는 실제 사회적 관계와는 무관하다는 것을 보여 준다. 비극적 줄거리의 변증법은 "공허해진다. 왜냐하면 이것은 공허의 변증법일 뿐이며 실제 세계와는 영원히 단절되었기 때문이다".(FM : 140)

외젠 쉬의 소설에서 등장인물들의 삶은 이데올로기적 용어로 표현되지만, 이 소설 내에는 이 이데올로기에 대한 내적 비판이 없다. 하지만 베르톨라치의 극에서는 상황이 다르다. "끝으로, 마지막 장면은 이 극의 역설과 이 극의 구조에 대한 답을 준다." (FM:140) 극의 마지막에서 니나가 환상과 거짓말의 체계 속에서 자신을 키웠다며 아버지에게 대들 때, 그녀는 아버지의 멜로드라마적 이데올로기를 비판하고 거기서 빠져나온다. 그녀는 멜로드라마적 이데올로기가 끌고 온 비극적 줄거리에서 탈출하고, 아버지 이데올로기의 한계 내에 남느니 차라리 착취적일지라도 실제 세계로 들어가는 쪽을 선택한다.

이 변증법은 대단원의 끝에서 그 진면모를 보일 뿐 이야기의 주된 줄기 내로 침투하지도, 그것을 지배하지도 못한다. 이러한 변증법은 실제 상황과 그릇된 의식 간의 거의 무관한 관계적 상황을 표현하는 아주 정확한 이미지다.(FM:140)

이 비극적 줄거리는 외관상 이 연극의 진짜 이야기처럼 보이지만 사실은 정반대라고 알튀세르는 말하고자 하는 것이다. 이 연극은 그것이 이데올로기에 의해 추동되는 가식적인 이야기임을 보여 준다. 연극의 마지막에 니나가 걸어 들어가는 세계는 명백히 연대기적 시간을 포함하는 세계이다. 즉, 공허한 시간 속에서 우리가 보게 되는 가난을 만들어 냄과 동시에, 비극의 시간을 지배하는 가난에 대한 이데올로기적 의식을 만들어 내는 실제 세계 말이다. 이 연극은 이데올로기가 실제 세계에 대한 그릇된 의식일 수 있다는 것을 보여 준다고 알튀세르는 말한다. 그런데 이 실제 세계는 자본주의의 착취적 생산관계에 지배된다.

> 그리고 이것은 맑스가 다른 세계, 즉 자본의 세계에 대한 경험과 연구에 찬성하면서, 대중적 의식까지를 포함한 그릇된 의식의 변증법을 거부했을 때 말했던 바이다.(FM : 141)

그래서 알튀세르는 스트렐러가 연출한 베르톨라치의 연극을 "유물론적" 연극의 예라고 부르는 것이다. 대중들은 이데올로기적 형식 내에서 그들이 살아가는 사회적 현실을 무의식적으로 의식하는데, 맑스의 작업과 마찬가지로 이 연극은 그러한 사회적 현실이 이데올로기적 왜곡과는 전적으로 다르다는 것을 보여 줌으로써 그 이데올로기적 형식을 거부한다. 또한 맑스와 마찬가지로 이 연극은 사회적 관계의 현실이 그 사회적 관계들이 생산하는 이데올로기의 허울뿐인 정합성을 파열시킨다는 것을 보여 준다.

| 소외의 구조

관객들에게 가장 강한 인상을 남긴 것은 베르톨라치 연극의 구조라는 주장은, 맑스주의 극작가 베르톨트 브레히트가 발전시킨 '소외효과' 이론에 대한 성찰로 알튀세르를 이끈다. 근대 자본주의사회에서 연극은 연예 산업, 즉 관객들이 그 안에서 "휴대품 보관소에 그들의 모자와 …… 그들의 정상적인 행실마저도 맡겨 버리는" 연예 산업의 한 분야가 되었다고 브레히트는 주장한다.(Brecht 1964 : 39)

관객들은 몇 시간 정도 그들이 사는 일상의 세계로부터 떠나 다른 세계, 즉 무대 위에서 상연되는 상상의 세계에서 살게 된다. 관객들이 스스로를 투사할 수 있는 또 다른 세계의 환상을 창조함으로써 연극은 저녁 시간대의 오락거리를 제공하고, 관객들은 전혀 변화되지 않은 채로 현실 세계로 되돌아가게 된다고 브레히트는 설명한다. 그러면서 브레히트는 "관객이 경험하는 대신에 자신의 의견을 표명하도록 강요당하는" 연극을 연출하려 했다.(Brecht 1964 : 39)

브레히트는 자신의 관객들이 무대에서 상연되는 세계를 당연하고 불가피한 것으로 보는 대신에 그것을 역사적이고 우발적이며 가변적인 것으로서 보기를 원했다. 브레히트의 연극은 관객들에게 말한다. 이것이 인간이 이제까지 세계를 만들어 온 방식이라고. 하지만 이것은 달라질 수 있다고. 그들이 현실 세계로 되돌아가려면 이러한 태도를 취해야 한다. 브레히트는 우리의 일상이 무대 위에서 익숙하지 않은 방식으로 표현되는 것을 보여 주고자 이른바 '소외효과'라고 이름붙인 무대와 연기 및 극작 장치를 통해 이 목표를 성취한다. 낯설게 하는 방식으로 "우리가 사회적으로 조건 지어진 현상들을 파악하는 것을 방해하는, 판에 박힌 친숙성으로부터 이 현상들을 자유롭게 하려" 한 것이다.(Brecht 1964:192)

맑스가 자본주의 하에서 노동자가 그 자신과 자기가 만들어 낸 산물로부터 소외(그의 용어로 'Entfremdung')되는 현상을 기술했다면, 브레히트는 다른 종류의 소외(그의 용어로 'Verfremdung')를 만들어 내려고 한다. 다시 말해 자본주의사회 내에서 관객이 자신의 삶을 이해하는 데 사용하는 이데올로기로부터 관객들을 소외시키려 한 것이다.

알튀세르는 브레히트의 연극 중에서도 특히 《갈릴레오의 생애Das Leben des Galileo Galilei》(1938~43)와 《억척어멈과 그 자식들Mutter Courage und ihre Kinder》(1939~41)의 극 구조가 소외효과를 만들어 낸다고 주장한다. 그는 이 연극들 내에서 〈우리 밀라노〉에서와 유사한 "탈중심화된" 구조를 식별해 낸다. 여기서도 등장인물들 각자가 그들의 삶과 행위를 이해하는 조건이 되는 그들의 의식은, 그 속에서 사람들이 그들 삶과 행위를 이해하는 사회체의 역사적 현실과 어떤 분명한 관계도 없이 공존한다. 그러므로 《억척어멈과 그 자식들》에서는 억척어멈의 개인적 비극, 즉 사업을 유지하는 데에 관심을 쏟은 나머지 자식들을 잃고 마는 비극이 '줄거리'를 끌고 간다. 이 극은 30년전쟁(1618~48)을 배경으로 상연되는데, 30년전쟁이라는 배경은 각 막의 제목이 명시하듯이 막과 막 사이의 공간에서 진행된다. 알튀세르는 다음과 같이 쓴다.

이 연극들이 탈중심화되어 있는 것은 그 어떤 중심도 가질 수 없기 때문이다. 왜냐하면 설령 브레히트의 출발점이 환상으로 뒤덮인, 즉 순진한 의식이라 할지라도 그는 세계의 그 중심을 마땅히 그러해야 하는 것으로 만들기를 거부하기 때문이다. 그래서 이 연극들에서는 언제나 그 중심이 한 구석에 위치하게 되는 것이다.(FM:145)

이렇게 탈중심화된 구조의 기능은 베르톨라치의 극과 마찬가지라고 알튀세르는 지적한다. 즉, 등장인물들이 그들의 삶과 행동을 이해하는 데 사용하는 관념들은 등장인물들이 형성되는 역사적 실제와 관련하여 환상으로 드러난다는 것이다. 이 연극의 구조는 이데올로기에 대한 비판과 이데올로기의 진정한 조건들에 대한 설명을 표현한다. 이 연극들이 관객들 속에서 만들어 내는 소외효과를 구성하는 것은 다른 무엇보다도 바로 이 구조라고 알튀세르는 주장한다. 관객은 극장에 와서 자신이 세계를 의식하는 데에 사용하는 이데올로기에 입각하여 이 연극을 본다는 것이다. 알튀세르가 쓴 것처럼 "만약 그가 등장인물의 형제, 즉 등장인물들이 그러한 것만큼이나 그 이데올로기의 무의식적 미신과 이데올로기의 환상 그리고 특권적 형식에 사로잡힌 자가 아니라면, 도대체 그 무엇일 수 있겠는가?"(FM:148)

여기에다 알튀세르는 극장에 와서 연극을 본다는 사건 자체가 이데올로기적인 것이라고 주장한다. 우리는 무대 위에서 보게 되는 등장인물들 속에서 우리 자신을 "재확인한다". 즉, 그들은 우리가 우리 자신에게 원하는 우리의 모습과 같은 유형의

'등장인물'인 것이다. 그들은 우리를 일반적 주체로서 호명하는, 절대적 주체라는 문화적 이데올로기 국가장치 내에 있는 사례들이다. 그래서 알튀세르는 "우리는 이 연극 안에서 이미 애초부터 우리 자신이다"(FM:150)라고 쓴다.

그렇다면 역사적유물론의 관점에서 연극을 분석하는 문제는, 브레히트가 제안한 바와 같이 더 이상 관객이 등장인물들에 공감하는지 여부의 문제가 아닌 것이다. 오히려 커튼이 올라가기도 전에 이미 작품 속에 자리하고 있는 이러한 이데올로기적 자기 확인을 통해 작품이 무엇을 하느냐가 관건이 된다. 알튀세르는 브레히트가 기술적 장치보다는 극의 구조를 통해서 특유의 소외효과를 만들어 내었다고 설명한다. 관객은 이러한 극의 구조 속에서, 애초에 그들을 극장으로 이끈 이데올로기적 의식의 바로 그 형식들이 무대 위에서 비판받는 것을 보게 된다. 실제로 브레히트의《억척어멈과 그 자식들》과《갈릴레오의 생애》는 관객이 이 연극들을 보는 관점을 이루는 이데올로기를 비판적으로 분석한다.

> 〔이 연극들은〕 이것을 뒤바꾸어 놓고, 이것을 한편으로 치워 놓고, 이것을 찾고 또 잃어버리고, 이것을 떠나고, 이것으로 다시 돌아오고, 아득한 곳으로부터 외적인 힘들 앞에 드러내어 결국 추출되도록 한다. 마치 물리적 공명 때문에 조금 떨어진 곳의 포도주잔들이 부서져 버리는 것처럼 말이다. 그러다가 그것은 바닥 위에 쌓인 파편더미처럼 갑작스럽게 종말을 맞는다.(FM:150)

알튀세르의 주장에 따르면, 브레히트의 연극들을 보면서 얻게 되는, 실제 역사와 의식이 맺는 착각적 관계에 대한 경험을 통해 관객은 이 연극들이 관객 자신의 의식에 대한 비판적 관계를 만들어 낸다는 것을 깨닫게 된다. 바로 이러한 의미에서 "이 연극은 진정으로, 새로운 관객의 생산이다".

| 예술과 이데올로기 |

〈추상의 화가 크레모니니Cremonini Peinture de l'Abstrait〉(1966)에서 알튀세르는 이탈리아의 화가 레오나르도 크레모니니Leonardo Cremonini의 작품을 분석한다. 크레모니니는 '대상'이나 심지어 인간 '주체'조차도 그리지 않는다고 알튀세르는 설명한다. 크레모니니의 작품에서 근본적인 대상은 **관계**들의 구조이며, 휴머니즘 이데올로기 내에서 이 관계의 구조를 통해 우리에게 '주체'와 '대상'으로서 나타나는 것은 실제로 이어져 있다는 것이다. 이것이 알튀세르가 크레모니니를 '추상' 화가로서 기술할 때에 의미하고자 하는 바이다.

사적유물론 내에서 사람과 사물의 관계는 추상적인데, 그 관계들은 지각에 곧바로 주어지지 않고 과학적 분석을 통해 연역되어야만 한다. 알튀세르가 보기에 크레모니니 회화의 대상을 구성하는 것은 명백하게 이 관계들, 즉 우리 삶을 결정하는 이 관계들이다. 알튀세르는 우선 1960년대 이후 크레모니니의 작

업에서 "**거울들**에 대한 탐구"라는 형식으로 이 관계들이 표현되고 있다고 본다.(LP : 213)

크레모니니는 많은 그림들을 그렸는데, 그 속에서 평범한 집과 다른 곳의 거울 속에서 남자와 여자들이 자기 형상을 바라보고 있고 우리는 이 모습을 본다. 거울 안팎에서의 이러한 시선이 묘사하는 순환은 종종 문이나 창문, 칸막이와 벽들의 수직선을 수반한다고 알튀세르는 지적한다. 크레모니니는 서로 뚜렷한 관계가 없는 두 종류의 구조를 병렬적으로 그려 놓는다. 한편으로 그는 거울들의 안팎에 시선의 순환을 그린다. 알튀세르는 또한 거의 모든 경우에 거울들 자체도 순환적이지만 이 거울의 물리적 현전이 시선의 순환을 표현하는 데에, 이를테면 방에서 창문 너머로 이웃 아파트를 바라보는 시선 속에서 이웃들 역시 자신을 바라보고 있는 방을 바라보는 그러한 시선의 순환을 표현하는 데에 반드시 필요한 것은 아니라는 점을 발견한다. 여기서 핵심은, 이 순환이 폐쇄되어 있으며 순환 바깥의 그 어떤 실제에 대해서도 언급하지 않는다는 점이다.

> 이 **순환**은 진정으로 하나의 순환이다. 즉, 이것은 '순환적'이며 어떠한 시작점도 갖지 않는다. 그리고 시작점을 갖지 않음과 동시에 어떤 '최종 심급의 종결점'도 결여하고 있는 것처럼 보인다. 인간과 그가 소유하고 있는 대상은 우리로 하여금 대상과 그 대상이 소유하고 있는 인간을 참조하게 하며 무한히 그것이 서로 뒤바뀌며 반복된다.(LP : 214)

시선의 순환은 남자들과 여자들 그리고 대상들을 개체들로, 즉 개별적 인간 존재들과 개별적 대상들로 표현한다. 그것들은 물질적이고 사회적이며 역사적인 실존의 복잡한 총체 내에 뿌리를 두고 있지 않으며, 이러한 실존과는 관계없는 주체와 대상으로서 단지 서로에게 관련되어 있을 뿐이다. 간단히 말하면, 이 순환은 휴머니즘적 이데올로기의 순환이라는 것이다. 크레모니니는 으레 이 순환적 구조 옆에 높고 육중한 수직선이라는 또 다른 구조를 그린다.

> 육중하고 거대한 수직선들은 인간 개체가 대상 개체를 항구적으로 참조하게 하는 것 그리고 대상 개체가 인간 개체를 항구적으로 참조하게 하는 것과는 뭔가 다른 것, 즉 이데올로기적 실존이라는 순환과는 뭔가 다른 것을 '묘사한다'. 그것은 그 차이를 통해, 비순환적이고 다른 구조를 통해, 완전히 다른 속성의 법칙을 통해 이 순환을 종결짓는다.(LP : 214-15)

알튀세르는 휴머니즘적 시선의 순환을 수반하는 육중한 수직선들의 구조 내에서 크레모니니가 이러한 휴머니즘의 불완전함을 묘사했음을 말하고자 한다. 크레모니니는 휴머니즘이 언급하지 않고 또 언급할 수도 없는 실제가 존재한다는 것을 보여 주었다. 이 실제는 화폭 내에서 묘사되는 것이 아니라 단지 그려진 대상들과 구조들 간의 **차이** 내에서만 존재한다. 사회적 관계들을 그림으로 그린다는 것은 결단코 불가능하다. 왜냐하면 그것은 눈에 직접적으로 보이지 않으며 사회학을 통해 연역 되어야만 하기 때문이다. 그럼에도 불구하고 크레모니니는, 휴 머니즘적 이데올로기를 분명하게 표현하는 것처럼 보이는 구조 와 함께, 그 구조와는 다른 논리를 갖는 구조를 병치해 놓음 으로써 이 이데올로기의 한계를 "그렸다"고 알튀세르는 주장한 다. 이데올로기가 말하지 않는 실제의 현존을 형식과 색채로 표 현했다. 말하자면, 크레모니니는 회화들 속에 현전하는 사람과 대상을 "지배하는 **결정적 부재**"를 그렸다.(FM : 215) 다시 말해, 이 사람들과 대상들이 그 속에서 실제로 존재하는 사회적 관계 체 계를 그린 것이다.

알튀세르는 크레모니니가 그린 인간의 얼굴에서 작동하는, 휴머니즘적 이데올로기에 대한 유사한 비판을 본다. 그가 그리 는 왜곡되고 일그러진 얼굴들에서 알튀세르는 회화 내에서 얼 굴이 갖는 이데올로기적 기능에 대한 거부를 본다.

> 인간의 얼굴에 대한 휴머니즘적이고 종교적인 이데올로기적 기능은
> '영혼' 혹은 주체성의 자리이어야 하며 그러므로 주체라는 개념의 모
> 든 이데올로기적 폭력과 더불어 인간 주체의 실존에 대한 가시적 증
> 거이어야 한다.(LP : 216)

휴머니즘적 미학 내에서 얼굴이라는 것은 영혼, 즉 주체의 중 심을 함축적으로 표현한다. 그러므로 얼굴은 식별 가능한 개인 성을 가져야 하며 특정한 영혼을 표현해야 한다. 추함의 미학은

이러한 주제의 변형일 뿐이라고 알튀세르는 지적한다. 그러나 크레모니니가 그린 얼굴은 "기형이 아닌 변형으로" 특징지어진 다.(LP : 217) 크레모니니가 그린 얼굴들은 추하거나 나쁘거나 미친 주체들의 영혼을 표현하는 것이 아니라 오히려 주체의 영혼이라는 것을 전혀 표현하지 않는다.

> 얼굴의 변형은 단지 형식의 결정적 부재이며 그 익명성을 '묘사'하는 것이다. 그리고 휴머니즘적 이데올로기라는 범주의 실질적 소거를 행하는 것이 바로 이 익명성이다.(LP : 217)

알튀세르에 따르면, 크레모니니가 얼굴을 '서툴게' 표현하거나 혹은 얼굴의 윤곽선만을 스케치하듯 그리는 것은 사실 자기가 묘사하는 개인들이 주체가 아님을 보여 주는 것이다. 그들은 표현할 만한 주체성을 갖고 있지 않기 때문에 그들의 얼굴에도 명확한 표정이 없는 것이다. 오히려 크레모니니의 인간 존재들은 **익명적**이다. 알튀세르는 크레모니니가 휴머니즘적 이데올로기 내에서 이해되는 인간 존재와 실제로 존재하는 인간 존재 간의 차이를 그렸다고 다시 한 번 주장한다. 이러한 차이를 그림으로써 크레모니니는 휴머니즘이 말하지 않고 또 인간 존재들을 결정하는 실제의 현존을 '그렸다'.

> 실정적이고 결정적인 부재, 즉 인간 존재들을 결정하고 그들을 그들의 현재 상태인 익명적 존재로 만드는 이 세계의 구조의 부재, 다시

말해 그들을 지배하는 실제적 관계들의 구조적 효과의 부재가 ……
그들의 생각 속에 강박적으로 따라다니고 있다.(LP : 217)

크레모니니 작품의 "철저한 안티-휴머니즘"은 우리가 크레모니니의 작품을 볼 때 토대로 삼는 이데올로기에 대한 비판적 영향력을 행사한다. 크레모니니의 작품을 보는 사람들은 그의 그림 속에서 그들 자신에 대한 이데올로기적 이해를 확증해 낼 수 없다. 우리는 우리 자신을 주체로서 생각하지만 크레모니니의 회화 내에서는 우리 자신과 같은 주체들을 볼 수 없다. 이 회화들을 볼 때 '확인'의 이데올로기적 효과는 일어나지 않는다. 만일 내가 이런 방식으로 나 자신을 '확인'할 수 없다면, 즉 실제로는 '오인'인 이 '확인'을 할 수 없다면, 나는 나 자신을 '인식'하기 시작할 것이라고 알튀세르는 말한다.

따라서 크레모니니는 위대한 혁명 사상가, 이론가, 정치가 그리고 위대한 유물론 사상가들이 열어 놓은 길을 따라간다. 이들은 인간의 자유가, 자유의 이데올로기적 **확인**이라는 자기만족으로 얻어지는 것이 아니라 인간을 노예로 만드는 법칙들의 **인식**을 통해 성취된다고 이해했다. 그리고 그들의 구체적 개인성의 '실현'은 그들을 지배하는 추상적 관계의 분석과 제어를 통해 성취된다고 이해했다.(LP : 219)

다시 말해, 크레모니니의 회화는 맑스의 경제학이 우리에게 과학적으로 설명하는 바를 미학적으로 현시한다. 만약 사람들이 합리적으로 자기 삶을 함께 지배하려면 그들이 자본주의사회 속에서 경험하는 이데올로기가 이 사회의 현실을 왜곡해서 보여 주고 있다는 점을 깨달아야만 한다. 그렇게 해야만 이 자본주의사회를 구성하고 있는 관계 체계를 변화시킬 수 있다.

유물론적으로 '진정한 예술'

'진정한 예술'은 이데올로기적 담론이 아니라 오히려 우리로 하여금 그 '진정한 예술'이 생산되어 나온 토대인 이데올로기를 '볼' 수 있게 해 주는 것이라고 알튀세르는 말한다. 이러한 관점은 전前맑스주의의 미학적 개념들에 의존하고 있다는 비판을 받아 왔다. 사실 알튀세르는 어떤 문화적 이데올로기 국가장치의 이데올로기적 기호들로 예술을 독해하는 사람들 속에 소외효과를 발생시키는 그러한 예술을 높이 평가한다. 그는 베르톨라치와 브레히트의 연극들의 탈중심화된 구조, 즉 그가 유물론적 연극에서 본질적인 것이라고 제안하는 이 구조가 그러한 소외효과를 발생시킨다고 주장한다. 크레모니니의 회화에서는, 이 회화들의 부재하는 대상을 구성하는 인간과 사물 간의 추상적 관계 속에서 작동하는 휴머니즘적 이데올로기에 대한 유사한 비판을 발견한다. 맑스의 과학적 연구와 마찬가지로 알튀세르는 이러한 미학적 연구들을 통해 자기 나름대로의 방식으로, 우리가 세계를 이해하는 데에 사용하는 이데올로기가 세계에 대한 왜곡을 구성한다는 것을 보여 준다. 요컨대 이 왜곡에 대한 거부가 세계를 이해하고 변화시키기 위한 선결 조건이 된다는 것이다.

제 6 장

사후의 고백

: 미래는 오래 지속된다

Louis
Althusser

1980년 11월 16일, 알튀세르는 그가 나중에 "강렬하고도 예측할 수 없는 정신적 혼란 상태"라고 회고한 상태에서 아내인 엘렌을 살해했다. 장소는 엘렌과 같이 사용하던 파리 고등사범학교의 한 방이었다. 알튀세르가 그녀를 목 졸라 살해했음이 부검을 통해 밝혀졌다. 알튀세르는 자신이 상황에 대한 의식을 회복하고 난 후 학교 의사를 미친 듯이 호출했으며, 그 의사가 엘렌의 사망을 확인하고 자신을 생안 정신병원으로 이송했다고 회고했다.

다음 날 예심 판사가 그를 살인죄로 기소하려고 병원에 도착했으나, 알튀세르가 법적 절차를 이해하기에는 정신적으로 부적합하다고 통보하고, 일군의 정신과 의사들에게 알튀세르의 검진을 지정했다. 2개월 후 의사들이 제출한 보고서에 따라, 예심 판사는 '면소non-lieu'를 선고했다. 이는 아내를 살해했을 당시의 알튀세르는 자기 행위에 대한 책임을 질 수 없는 상태였으므로 그가 자기 범죄를 변호하기에 부적절하다는 것이다. 알튀세르는 이후 3년간 정신병원에서 보내는데, 처음에는 생딴느에서, 1981년 7월부터는 파리에서 30킬로미터 떨어진 수와지쉬르센느에서 지냈다. 이후 그는 은퇴 생활을 위해 아내와 구입했던 파리의 아파트에서 혼자 살 수 있는 시기가 있었음에도 불구하고, 남은 생애 대부분을 병원에서 보냈다. 그는 계속 글을 썼지만, 저명한 지식인이자 교사로서의 경력은 끝이 났다. 그리고 1990년 10월 22일 병원에서 사망했다.

| "살인자의 짧은 이야기" |

1985년 3월, 《르몽드》에 알튀세르 같은 유명인의 '흥미진진한' 살인 사건 재판을 언급한 기사가 게재되었다. 이를 본 알튀세르는 자신이 법정에 출두했다면 진술해야 했을, 엘렌의 살인을 둘러싼 이야기를 직접 해명하기로 결심한다. 그는 "그 비극에 대한 (그의) 해명과 경찰, 법률, 의사가 그를 '취급했던' 방식 그리고 무엇이 그러한 비극을 야기했는지를 당연히 포함하는 일종의 자서전"(FLLT : 3)을 쓰려 한다고 친구에게 편지를 썼다.

　편지를 받은 친구 장 피에르 르페브르Jean-Pierre Lefèbvre는, 알튀세르가 스스로 살아 있음을 사람들에게 상기시키는 공적인 제스처를 취하고자 한다고 자신에게 넌지시 알려 왔다고 회고했다. 르페브르는 알튀세르에게 일종의 참회로서 번역과 같은 소소한 일부터 시작하라고 충고했지만, 이는 "알튀세르가 듣고 싶지 않았던 의견이었음을, 즉 그가 조증 상태였음"(Fox 1992:4)을 알게 되었다고 한다.

몇 주 후인 1985년 3월 말에서 5월 초 사이, 즉 이러한 조증 상태를 특징짓는 왕성한 생산의 시기 동안 알튀세르는 방대한 자서전《미래는 오래 지속된다L'avenir dure longtemps》를 집필했다. 그는 한때 '살인자의 짧은 이야기'라는 부제를 이 책에 붙이려고 했다. 알튀세르는 자기에게 면소 판결을 내린 1838년 형법의 64조 외에도 프랑스 국내와 국외에서 그의 사건을 다룬 신문 기사의 스크랩 및 이 시기 동안 친구들이 기록한 메모에서 발췌한 기술들을 수집했고, 또 친구들에게도 이를 수집해 달라고 요청했다. 또한 자신이 받은 다양한 의학적 치료들에 대해 담당의와 정신의에게 문의했다. 이러한 정보를 바탕으로 그는 글을 썼다.

알튀세르는 첫 페이지를 아내를 살해한 죄를 지고 "출두해야 했을 경우 내가 해야 했을 답변"(FLLT:13)이라고 기술했다. 그는 "침묵의 묘석"에 대해 말한다. 그 아래에 면소 판결을 받은 어떤 사람이 묻혀 있는지 밝히고, 그 사건들에 대해 그 누구라도 공개적으로 제기할 수 있도록 허용되는 그러한 설명을 통해 이 묘석을 들어 올리려 한다.

여기서 내가 공개적으로 나 자신을 해명하기로 작정한 것이다. 우선 내 친구들을 위해서, 그리고 가능하다면 나 자신을 위해서, 나를 짓누르던 이 무거운 묘석을 들어내기 위해서 그렇게 하는 것이다. ……

극도로 심각하던 내 상태가 나를 빠뜨린 그 상황 ······에서 나 자신
을 해방시키기 위해서.(FLLT : 27)

그러나 알튀세르는 이 책을 출간하지 않았다. 이 책의 편집자
는 다음과 같이 쓴다. "······ 그가 이 책의 존재를 여러 차례 몇
몇 출판사에 언급했고 또 이 책을 출간하고자 하는 욕망을 드
러냈음은 잘 알려져 있다." 반면에, "모든 상황에 비추어 볼 때
알튀세르는 자신의 수고手稿가 폭넓게 유포되지 않도록 극도로
주의를 기울였는데, 이는 이전에 그가 썼던 작품과 관련해서
일상적으로 취하던 행동과는 정반대되는 것이었다."(FLLT : 4)
《미래는 오래 지속된다》는 알튀세르의 조카 및 자손들의 동
의에 따라 그의 사후인 1992년에 출간되었는데, 이는 그의 몇
몇 가까운 친구들의 바람과는 정반대되는 것이었다. 이러한 친
구들 중에는 마슈레도 포함되어 있었다. 그는 이 책을 일컬어
"거짓말과 절반의 진실로 짠 피륙"(Fox 1992 : 4)이라고 기술한 바
있다. 이 책은 즉시 베스트셀러가 되었다.

| 자기분석

알튀세르는 이 책이 "일기도 회상록도 자서전도 아니"라고 쓴
다. 오히려 "모든 것을 희생하면서 내가 오직 드러내고자 한 것,
그것은 바로 내 존재에 결정적인 영향을 주었으며 또 내 존재

를 이러한 형태로, 즉 그 속에서 내가 나 자신을 알아보게 되고 타인들도 나를 알아볼 수 있으리라 여겨지는 그런 형태로 만든 모든 정서적 감정 상태들이 던져 준 충격이다".(FLLT : 29) 이러한 설명을 하면서, 알튀세르는 자신의 몇몇 철학적 입장에 대한 심리학적 설명을 제시한다. 그는 이러한 설명이 자기가 지닌 철학적 입장의 논리적 귀결이 아니라고 올바르게 지적한다.

> 이런 종류의 분석에서는, 특정한 철학과 관련해서 객관적인 의미를 지닌 결정적인 말을 찾으려 해서는 안 된다. 왜냐하면 의식적 혹은 무의식적인 모든 철학자들의 내적 동기들이 어떠하건 간에 글로 표현된 그 철학은 하나의 **객관적 현실**이며, 이 세계에 대해 그것이 효과를 미쳤든 그렇지 못했든 간에 그것은 **객관적 효과**이며, …….
> (FLLT : 175)

그럼에도 불구하고, 알튀세르가 특정한 철학적 입장에 대한 그의 경도 및 표명과 관련하여 제시하는 주관적 이유에 대한 설명은 이 입장들의 기원을 이해하는 데 중요하다. 그는 다음과 같이 쓴다. "이런 시도의 깊은 근저에는 분명, 유달리 순수하고 완성된, 다시 말하자면 추상적이고도 금욕적인 형태 하에서, '내 어머니의 욕망'의 실현이라고 내가 이름 붙였던 어떤 것이 있었다."(FLLT : 169)

그의 유년기 시절에 대한 설명 전반에서 알튀세르는 '순결'에 대한, 즉 육체적 관계가 아니라 지적 관계에 대한 어머니의 욕망을 반복적으로 강조한다. 이는 그의 어머니가 약혼자 루이 알튀세르와, 1917년 베르덩 전투에서 그가 전사하기 전까지 맺었던 것과 같은 관계라고 알튀세르는 생각했다. "육체, 이 위험스런 '것'과는 전혀 상관없는, 오직 사색과 극도로 순수한 생각들로 가득한 이 동일한 세계에서 살고 있던, 똑같이 착실하고 순수하던, 특히 순수하던 두 사람은 금방 자신들의 순수한 정열과, 육체가 배제된 꿈을 교환하기 위한 공모자가 되었다." (FLLT:36)

루이의 죽음 이후, 그의 형 샤를르, 즉 알튀세르의 아버지는 루이를 대신해서 그녀와 결혼했고, 알튀세르는 본인의 이름 '루이Louis'에서 항상 '그lui'의 이름, 즉 그의 어머니가 진짜로 사랑했던 죽은 루이의 이름을 들었다고 고백한다. 따라서 추억으로만 존재하던 지성적 연인을 위해 이중으로 영적이 되는 것이 어머니의 욕망임을 그는 간파했다. 알튀세르는 다음과 같이 쓴다. "아마도" 그가 엘리트 교육기관에서 철학자가 되고, 그리고 무엇보다도 "추상적이며 무척이나 비개성적이지만 그 자체로서는 정열적인 철학책의 저자"가 된 것은 어머니의 욕망을 실현시키기 위해서, 또 덧붙이기를, 어머니를 "유혹"하기 위함이었다는 것이다.(FLLT:170)

알튀세르의 작품이 어떻게 "자기 자신과 밀접하게 관련되었는지" 알아보기는 어렵다. 아마도 그는, 휴머니즘에 대한 맑스주의적 비판의 핵심은 자본주의사회에 아직까지 존재하지 않은 그러한 종류의 인간적 삶을 실현시키는 것이었음을 의미하고자 했던 것 같다. 그의 이론적 안티-휴머니즘은 더욱 확실히 "추상적이고 비인칭적"이다. 《미래는 오래 지속된다》에 따르면, 그의 작품이 갖는 이러한 근본적 속성은 맑스의 독해에서 논리적으로 도출된 것이라거나 맑스가 실현시킨 과학적 역사 분석에서 도출된 것일 뿐만 아니라 알튀세르 자신의 성장기 동력에서 도출된 것이기도 하다는 것이다.

이와 같은 것이 그가 맑스주의로 전향한 것에도 적용될 수 있다고 그는 말한다. 그가 맑스주의 이론에 흥미를 느낀 데에는 논리적이고도 정치적인 이유뿐만 아니라 심리적 이유도 있었다고 한다. 알튀세르는 자신이 육체적 실존에 대한 금지로서 경험한, 지적 관계에 대한 어머니의 욕망뿐만 아니라 이 금지로부터 뛰쳐나왔던 사건들과 시기들도 강조한다. 이러한 일은 특히 그의 외할아버지와의 관계에서, 즉 그가 중부 프랑스의 농촌인 모르방 지방에서 외할아버지와 지냈던 시기에 일어났다. 거기서 1년 동안 지내면서 알튀세르는 지역 학교에서 외할아버지의 이름인 피에르 베르제로 불리기까지 했는데, 왜냐하면 그의 이름은 이 지역 방언으로는 발음하기 어려웠기 때문이다. 그것은 마치 그가 다른 사람이 된 것과도 같은 경험이었다. "지금 나는 그때의 그 열광적인 시기야말로 내가 육체의 존재를 인정하고 또 그 존재도 내게 마침내 인정받은 시기였으며, 내가 내 육체의 모든 실제적인 잠재력을 내 것으로 만든 시기였음을 깨닫는다."(FLLT : 213)

알튀세르는 축구 경기를 하거나 다른 언어로 말하는 등의 육체적 기술을 습득할 수 있었던 것은 육체적으로 실존한다는 이러한 기쁨 덕분이었다고 여긴다. 그가 맑스주의와 조우했을 때, 알튀세르는 이론임과 동시에 육체적 삶의 실천으로서 거기에 이끌렸다고 말한다. 그의 심리적 성장과 관련하여, 맑스주의는 어머니의 욕망에 의한 육체적 실존의 금지를 극복하고 이러한 실존에 대한 자신의 욕망을 실현할 수 있는 체계를 보여 주었다.

> 맑스주의와 '만났을 때' 나는 내 육체로 거기에 가담했다. 맑스주의가 모든 '사변적' 환상을 비판함으로써 적나라한 현실과 맺는 실제적인 관계를 체험하게 하며, 더 나아가 그런 구체적인 관계(사회적인 분야나 다른 분야에 접하고 특히 그 분야에서 작업을 함으로써 갖게 되는 관계들)를 사상 자체 속에서 체험할 수 있게 해 주었기 때문이다. 맑스주의에서, 맑스 **이론** 속에서, 나는 수동적이고 사변적인 의식에 대해 활동적이고 부지런한 육체의 우위성을 인정하는 사상을 발견했으며, 그런 관계를 유물론 자체로 생각했다.(FLLT:214)

알튀세르에게 맑스주의는 논리적 · 정치적으로 설득적이었을 뿐만 아니라, 이론의 수준에서 육체적으로 살고자 하는 그의 가장 "심층적이고도 오래 지속되었던 욕망"의 실현을 나타내 주었다.

| 징후를 독해하기 |

알튀세르의 철학적 작업에 대한 이러한 심리학적 설명을 어떻게 이해해야 하는가? 우선 우리는 《미래는 오래 지속된다》가 알튀세르의 성장과 개인사에 대해 그렇게 사실적이지 않다는 데 주목할 필요가 있다. 알튀세르는 이미 1976년에 '사실'이라는 제목의 자서전적 단편을 쓴 바 있는데, 이 또한 그가 사망할 때까지 출간되지 않았다. 이 책이 설명하는 바에 따르면, 알튀세르 삶의 '사실들'은 교황 요한 13세와 드골 장군과의 만남을 포함하고 있는데, 몇 페이지 뒤에서 알튀세르는 그것이 상상적인 것이라고 말한다.

그는 인생의 다른 '사실들'을 기술할 때와 동일한 과거 시제로 조증 시기의 난폭한 환상들을 기술하는데, 여기에는 핵잠수함을 훔치거나 은행을 터는 등의 계획을 실행하는 것도 포함되어 있었다. 심지어 그가 요한 13세를 만나지 않았다고 말하는 이 문장은 그가 은퇴한 기병장교의 물건을 "훔쳤다"는 의심스러운 언급에 뒤따라 이어지는데, 그에 따르면 이 절도는 바티칸에서 중대한 일이었다는 것이다. 이 문장들에서 알튀세르는 그가 《미래는 오래 지속된다》에서 명시적으로 말하는 바, 즉 "환각도 또한 사실"(FLLT : 81)이라는 것을 부각시킨다.

환상의 안팎에서 일어나는 이 동일한 운동은 《미래는 오래 지속된다》의 한 구절에서 가장 분명하게 발생한다. 여기서 알튀세르는 외할아버지의 촌락에서 농촌 노동자들의 축제에 참여했다고 이야기하는데, 이 이야기는 이 사건이 환상에 지나지 않음을 고백함으로써 종결된다.

> 진실과 마주해 내가 가혹한 고백을 하나 할 수 있게 허락해 주기 바란다. 그 요란스런 노래 장면(1936년 뒤크뢰 씨가 백작을 누르고 면장으로 선출되던 날 사람들로 꽉 찬 면사무소에서 들은 것처럼, 나는 그 노래들을 밖에서 분명히 들었다), 그 포도주잔이 등장하는 장면, 나는 그 장면을 그 큰 홀 안에서 직접 경험한 것이 아니다. 그러므로 나는 꿈을 꾼 것이며, 다시 말하자면 오직 그런 경험을 하려고 강렬히 원했다는 것이다. 그런 장면은 물론 불가능한 것은 전혀 아니었을 것이다. 그러나 나는 그 장면이 내 기억을 넘어 존재했던 것을, 즉 강렬한 내 욕망에 대한 일종의 착란으로 확실히 간주하며 또 그렇게 밝혀야만 한다.(FLLT : 81)

사실과 환상 사이에서의 동요는 알튀세르가 그 자신의 철학적 입장을 정신분석학적 용어로 설명하는, 위에서 논의한 바 있는 구절에서 의미심장하게 일어난다. 맑스주의는 그가 심리적으로 비싼 값을 치르고서 이루어 낸 그의 가장 심층적인 욕망, 즉 육체적으로 살려고 하는 욕망의 표현이었다. 모르방의 농부들 사이에서 가졌던 그러한 욕망을 실현한 경험에 대해 이야기하면서, 알튀세르의 텍스트는 환상 속으로 미끄러져 들어간다. 바로 이와 같은 욕망의 실현이 맑스주의라는 그의 설명을 납득하기란 어려우며, 그러므로 이를 논란의 여지가 없는 사실이라고 받아들일 수는 없다. 실제로, 이 책의 정신분석학적 맥락은(비록 그가 이 책이 일종의 법정 진술이라고 했음에도 불구하고, 그는 무엇보다도 정신분석가를 대하는 것처럼 말한다.) 사실과 환상 사이의 경험적 대립을 부수어 버린다. 이 책이 알튀세르가 그의 삶에서 의미심장한 사건들을 회상하는 방식이라면, 정신분석학적 관점에서 이 책은 이러한 사건들이 그에게 어떠한 것이었느냐에 관한 것일 뿐만 아니라 그에게 지금 어떻게 작동하는가에 관한 것이기도 하다. 그는 다음과 같이 쓴다.

> 사실 나는 이러한 기억의 연상 작용을 따라가며 엄밀하게 사실들만 다루고자 한다. 그러나 환각도 또한 사실인 것이다.(FLLT:81)

알튀세르의 철학적 작업과 관련 지어 《미래는 오래 지속된다》를 독해할 때 가장 어려운 문제는, 그의 주관적 경험에 대해 그가 이 글에서 취하고 있는 인지 상태cognitive status이다. 알튀세르는 그의 철학적 경력 전반을 통해 주체란 근본적으로 이데올로기적인 범주라고 주장했다. 하지만 그는 자서전을 쓰면서 바로 이 범주에 의존하고 있는 것처럼 보인다. 장 자크 루소의 《고백록》(1753)을 인용하면서 알튀세르는 다음과 같이 쓴다. "'나는 용감하게 말할 것이다. 자, 여기 내가 행한 것, 내가 생각한 것, 그리고 지나온 내 모습이 있노라'고 한 〔루소의〕 선언에 나는 솔직하게 동의할 수 있다."(FLLT:29) 자신의 철학적 작업이 갖는 정신분석학적 맥락에 대해 언급하면서 그는 다음과 같이 쓴다.

내가 하려고 하는 모든 것은 의식적인 동시에 특히 무의식적인 동기를 해명하는 것, 즉 심층적인 개인적 동기를 가능한 한에서 밝히려는 시도이다. 이 심층적 동기는 이 모든 작업의 외적이고 가시적인 형태 밑에 놓여 있는 것을 지탱하는 근간이다.(FLLT:169)

이 진술은 알튀세르가 맑스주의 과학이 단절을 표명하려 했던 이데올로기의 토대라고 상반되게 기술한 바 있는 그러한 주체 개념에 의존하고 있다. 그가 "심층적인 개인적 동기"가 개인 행동의 "외적이고 가시적인 형태"의 원인이 된다고 말할 때, 그가 의미하고자 하는 것은 개인의 성격 혹은 개인성이 그의 사회적 행위를 결정한다는 것이다. 본인의 철학적 작업 내에서 휴머니즘 이데올로기를 체계적으로 비판하고서는, 바로 이 휴머니즘적 문제계에 입각해 자신의 자서전을 집필하고 있는 것이다.

심지어 《미래는 오래 지속된다》에서 사용되는 무의식 개념 또한 바로 이러한 문제계에 속하는 것이다. 알튀세르가 〈프로이트와 라캉Freud et Lacan〉(1964)에서 승인한 바 있는, 프랑스 정신분석학자 자크 라캉의 사유 내에서 무의식이란 의미 부여의 연쇄 속에서 주체가 남겨 놓은 무수히 많고도 분산되어 있는 흔적 내에 있는 것이다. 《미래는 오래 지속된다》에서는 이와 반대로 무의식은 주체의 정신이 갖는 영역이며, 이 무의식의 내용은 정신분석학적 '상담 치료'를 통해 의식 안으로 재통합될 수 있는 것이다.

이 텍스트에서 알튀세르는 주체에 대한 자신의 입장을, 이데올로기적 국가장치에 관한 논고에서 명확히 한 바 있는 이 용어의 두 가지 의미 모두에 입각하여 구축하고자 한다. 그의 내적 삶이 그의 행위를 결정한다는 의미에서 주체는 이 텍스트의 주인공일 뿐만 아니라 또한 '예속된 존재subjected being'라는 의미에서의 주체이기도 하다. 그는 법 이데올로기적 국가장치의 호명에 대한 응답으로서 이 텍스트를 쓰기 때문에 법에 예속되어 있다. 하지만 실제로는 법 이데올로기적 국가장치는 알튀세르를 주체로 호명하지 않았다. 법 이데올로기적 국가장치는 비주체, 즉 광인으로 그를 호명했고, 그렇기 때문에 그는 법 이데올로기적 국가장치의 책임 있는 주체 중 한 사람으로 간주되기에는 적합하지 않다. 주체로 호명되는 것이 일상적인 계급 지배의 한 사건이라면, 비주체로 호명되는 것은 훨씬 더 압도적인 지배의 사건이다. 알튀세르에 따르면, 이데올로기적 국가장치는 계급투쟁의 현장이며, 여기에서 대립적 담론들이 지배적 제도 내에서 표명될 수 있다. 하지만 이 제도들이 그를 비주체로 호명하게 되면, 그는 이 제도 내에서 대립적 담론을 표명하는 데서도 배제되는 것이다.

《미래는 오래 지속된다》가 알튀세르의 철학적 작업과 맺는 관계에 관한 설명은 이미 몇몇 표명된 바 있다. 스페인 철학자 가브리엘 알비악Gabriel Albiac은 다음과 같이 주장한다. 즉, 그의 초기 작업이 가졌던 전제를 이 마지막 텍스트에서 부정함으로써, 알튀세르는 그가 엘렌 살해의 동기가 되었다고 한 바로 그 욕망, 즉 자기 파괴의 욕망을 실행에 옮겼다는 것이다.

이 텍스트에서 출발 지점으로 작용하고 있는 살인이 저자의 삶을 파괴—거의 은유적이지 않은 의미에서—했다면, 이 살인을 설명하는 페이지들—그리고 거기에 이유를 대기 위한 탐색—은 이러한 비극적 과업을 완결하는 것이 그 목표인 듯하다. 요컨대, 비극적 과업의 목적이란 이 결정적 사건에 선행하는 자기 작품 전체를 파괴하거나 혹은 적어도 그것을 평가절하하려는 데 있는 것이다.(Albiac 1998:81)

그레고리 엘리엇Gregory Elliott은 이 텍스트를 "만성 조울증의 증상이자 공개적인 상담 치료를 통해 이를 퇴치하려는 시도"로 본다.(Elliott 1994:181) 거의 마지막 장에 나타나는 낙관적인 결론, 즉 "삶은 여전히 아름다울 수 있다. …… 나는 그 어느 때보다도 젊게 느껴진다"(FLLT:279)는 문장은 몇 주 후 또다시 병원에 입원함으로써 끝나게 되는 조증 기간의 모든 징후를 보여 준다고 지적한다.

워런 몬택Warren Montag은 한 존재를 그 자의식을 통해 판단하지 않으려는 유물론적 원칙과, 자서전을 집필하려는 기획 간의 "명백한 모순"이 《미래는 오래 지속된다》의 핵심이라고 지적한다. 알튀세르가 자신의 진실을 찾는 데 실패했음을 이 텍스트가 보여 준다면서, 몬택은 이 텍스트를 "해답으로 가장한 수수께끼"(Montag 2003:127)라고 기술한다.

내가 보기에는, 이 텍스트가 갖는 근본적 역설, 알튀세르가 주체라는 이데올로기를 비판하는 데 20여 년을 보내고서는 바로 이 이데올로기 내에서 텍스트를 집필했다는 역설의 근원은 호명의 문제에 있다. 주체로 호명되는 것이 계급투쟁의 사건이라면, 비주체로 호명되는 것은 지배계급으로부터 비롯된 훨씬 더 강력한 충격이다. 《미래는 오래 지속된다》는 최소한 주체의 입장이라도 회복하여 이데올로기적 국가장치 내에서의 계급투쟁에서 대립적 담론을 명백히 하려는 그의 의도를 보여 준다. 왜냐하면 이데올로기적 국가장치가 이러한 담론의 주체로 구성되기에 부적합한 자로 호명한 자에게는 이러한 대립적 담론조차도 거부되기 때문이다.

| 정치적 성찰 |

알튀세르는 또한 《미래는 오래 지속된다》에서 자기가 일생을 바쳐 연구한 맑스주의의 정치적 미래를 고찰한다. 1970년대 후반에 그는 일련의 논고를 집필했는데, 여기서 그는 당시 맑스주의 이론 및 공산당의 활동이 처해 있던 상황을 비판적으로 성찰한다.

〈맑스주의의 위기Enfin la crise du marxisme!〉(1978)에서 그는 이 위기의 가장 근본적인 형식은 맑스주의와 관련하여 노동계급의 마음속에 있는 가장 중요한 질문, 즉 "왜 그리고 어떻게 소련 사회주의는 스탈린과 현재 체제에 이르게 되었는가?"라는 질문에 제대로 대답하지 못한 데 있다고 지적한다.('CM': 216) 맑스주의 이론은 이 질문에 진지하게 대답하는 데 실패했을 뿐만 아니라, 맑스주의 이론 자체가 그것이 설명해야만 하는 문제에 연루되어 있다. 왜냐하면 소련의 억압적 체제가 바로 맑스주의의 이름으로 작동했기 때문이라고 알튀세르는 쓰고 있다. 당대 맑스주의자들이 이 문제에서 진지한 역사적·정치적·이론적 분석을 이끌어내려 한다면, 스탈린 이전에 존재했고 또 스탈린이 손쉽게 왜곡해 버린 '순수한' 상태의 맑스주의 이론과 실천에 호소해서는 안 된다고 알튀세르는 쓴다.

> 우리가 경험하고 있는 이 위기는 우리 스스로가 맑스주의와 맺는 관계 내에 있는 무엇인가를 변화시키고, 또 그럼으로써 맑스주의 자체 내에 있는 무언가를 변화시키게 만든다.('CM': 218)

1977년의 알튀세르가 맑스주의 이론의 변화를 주장했다면, 프랑스 대선에서 좌파연합이 패배한 직후인 1978년 4월의 알튀세르는 프랑스공산당의 정책·전략·조직과 관련된 신랄한 비판을 《르몽드》에 게재하여 이론 및 실천상에서 프랑스공산당의 근본적인 변화를 요청했다.

알튀세르는 선거 기간에 공산당이 보인 권위주의적이고 "수직적"인 구조와 지도 전략을 비판하며, 공산당이 프랑스 노동자의 계급투쟁에서 제 역할을 담당하기보다는 명백히 사회당을 이기려는 데에 더 많은 관심을 집중했다고 비난했다. 공산당의 구조 자체가 노동계급을 이끌어 대항해야만 하는 바로 그 부르주아 국가의 구조와 동일한 것이 되어 버렸다는 것이다. 공산당이 제 역할을 달성하려면 이러한 폐쇄적이고 권위적인 정책과 실천을 폐기해야 한다. 프랑스공산당이 프랑스의 "계급적 상황에 대한 구체적인 분석", "대중의 지도와 사회변혁을 회피하기보다는 이를 열린 자세로 받아들여 이와 더불어 그 자신을 보강하는 이론" 그리고 "전체 노동계급과 대중적 역량을 연합시키는 정책"에 다시 착수해야만 한다는 것이다.('WMCP':45)

《미래는 오래 지속된다》에서 알튀세르는 맑스주의의 미래를 다시 성찰하는데, 이번에는 그가 몇 년 전에 호소했던 것보다도 훨씬 더 근본적인 변화를 구상한다. 우선, 그는 공산주의 사회를 건설한다는 목표에 대한 확신을 잃었다고 말한다. "나는 맑스의 종말론적인 견해인 공산주의를 인류가 언젠가는 맞이하게 될지 그렇지 않을지 모르겠다."(FLLT:224) 이 단계에서 그가 확신하는 것은 소련, 동유럽, 중국, 쿠바 및 다른 지역에서 존재했던 것과 같은 사회주의가 공산주의를 향해 가는 "피할 수 없는 과도기"가 아니라는 것이다. 이러한 궁극적으로 결정론적인 견해를 오히려 알튀세르는 "터무니없는 소리"라고 격하한다. 아무튼 지금까지 세계상에 남아 있는 "공산주의의 오아시스"가 전세계로 확산된다 해도 그것은 "그 누구도 예측할 수는 없는" 방식일 것이며, "어쨌든 소련의 방식은 아닐" 그러한 방식으로 이루어질 것이라고 알튀세르는 말한다.(FLLT:225) 시장 관계가 지배적이지 않은 세계—알튀세르가 "공산주의에 대해 가능한 유일한 정의"라 칭한 바 있는—에 대한 희망이 있다면, 그것은 해방이론, 여성운동, 녹색당과 같이 "맑스가 알지도 못했고 상상하지도 못했던" 당대 대중운동에서 비롯될 것이다.

맑스주의자들이 다행히도 우리 시대에 혼자는 아니라고 생각하며, 수많은 성실한 인간들이 스스로 맑스주의자에 가깝다고 여기지는 않지만, 자신들의 실천을 그리고 모든 의식에 대한 실천의 우위성을 실제로 경험함으로써 이미 맑스주의자들과 함께 진리를 찾아가는 중이라고 생각한다.(FLLT : 224)

이러한 대중운동과 관련된 결정적인 문제는 바로 정치조직의 문제라고 알튀세르는 확신한다. 대중운동이 효과적이려면 이러한 조직이 필요하지만, '위계적 지배'로 귀결될 기존의 맑스주의 및 사회주의 정당 모델과 구별되는 실현 가능한 모델을 이러한 대중운동은 갖고 있지 않다. 미래의 정치적 변화에 대한 알튀세르의 희망은 "지성의 명철성 …… 그리고 지성에 대한 민중운동의 우위성"에 대한 신뢰에 토대를 두고 있다.(FLLT : 226) 만일 지식인이 대중운동의 선례에 따라 행동할 수 있다면, 아마도 지식인은 대중운동을 공산당의 역사적 오류로부터 벗어나게 하여 "진정으로 민주적이며 효율적인 조직 형태들"을 지향하는 쪽으로 이끌어 나갈 수 있을 것이다.(FLLT : 226) 바로 이러한 의미에서 알튀세르는 다음과 같이 말할 수 있는 것이다.

나는 낙관주의자다. 나는 이런 착상(맑스주의 사유)이 모든 황무지로 파고들 것이라고, 그리고 비록 그것이 다른 형태를 취해야 한다 해도(그것은 변화로 가득 찬 세계에서는 불가피한 일이다) 살아남으리라고 생각한다.(FLLT : 223)

알튀세르는 삶의 막바지에서 포스트맑스주의적 입장으로 기울어지고 있는 것인가? 궁극적으로는 그렇지 않다. 우선, 그는 맑스주의적 문제계를 넘어섰다고 주장하는 포스트모던 철학의 주장에 대해 부정적이다. 그는 당대의 상황을 다음과 같이 기술한다.

"사소하고 무의미한 일을 꼬치꼬치 따지며" 우위를 점하고 있는 철학이 …… 맑스주의가 죽었고 땅속에 파묻혔다고 간주하는 시기, 소위 "포스트모더니즘"을 구실로 내세워 결코 신뢰할 수 없는 절충주의와 어리석은 이론이 유행하는 이 시기에 여기서도 여전히 "의사소통의 비물질성"에 자리를 내주며 "물질이 사라져 버린다".(FLLT : 223)

이와 같은 포스트모더니즘에 대한 그의 비난은 프랑스 철학자 장 프랑수아 리오타르Jean-François Lyotard(1924~1998)와 사회학자 장 보드리야르Jean Baudrillard(1929~2007)의 작업을 포함하는데, 이 두 사람은 각자의 작업을 맑스주의 전통 내에서 시작하지만 1970년대 초에 노골적으로 이 전통에서 벗어났다. 공산당 활동에 대한 알튀세르의 비판은 리오타르와 보드리야르가 명확히 한 바 있는 맑스주의 이론에 대한 근본적 비판과 결코 유사한 점이 없다. 더욱이 《미래는 오래 지속된다》에서 알튀세르는 대중운동의 역할을 강조했지만 이 운동이 맑스주의 사유 자체의 논리를 파열시킬 근본적으로 이질적인 것으로 간주하지는 않았다. 그는 정치이론가 에르네스토 라클라우Ernesto Laclau와 샹탈 무페Chantal Mouffe가 그들의 명백한 '포스트맑스주의적' 입장의 토대로 삼은 '사회적인 것의 복수성plurality of the social'(Laclau and Mouffe 2001:5)을 통해 사유하지 않는다.

새로운 대중운동이 맑스주의 이론을 통해서는 직접적으로 해명될 수 없음을 인식한 알튀세르는, 이러한 운동에 조응하여 맑스주의 이론을 전개해야 한다고 호소했다. 그는 맑스주의 전통에 확고부동하게 머물러 있다. 다만, 맑스주의 전통이 현재의 대중적 문제의식과의 대화를 통해 그 이론과 실천을 전개할 필요가 있다고 주장한다. 그렇기 때문에 그는 다음과 같이 쓸 수 있는 것이다. "나는 여전히 맑스의 유물론적 착상에 깊이 심취돼 있는데, 물론 그전에도 전혀 집착한 적이 없는 자구 해석에는 전혀 얽매이지 않는다."(FLLT:223)

알튀세르 이후

Louis Althusser

알튀세르의 저작은 1970년대에 미국과 영국의 문학 연구에 엄청난 영향을 미친다. 그 이유는 아방가르드 비평가들이 알튀세르의 저작 속에서 진정으로 과학적이고 또 정치적으로 급진적인 비판적 담론을 발견했기 때문이다.

1960년대 프랑스 철학은 그것이 전통적으로 영국과 미국에서 이해되어 온 방식으로 1970년대의 문학 연구에서 혁명적인 것으로 여겨졌다. 감수성에 대한 리비스F. R. Leavis의 통설과 텍스트 비평이라는 신비평의 통설은 1960년대 프랑스 철학이 만들어 낸 일련의 새로운 관념, 방향 설정, 방법, 용어, 그리고 실천들로 파괴되었다. 이러한 60년대 프랑스 철학에 영국과 미국의 비평가들은 자신들의 주장을 신속하게 덧붙인다.

영국의 문학 연구에 가장 많이 영향을 끼친 것으로 알려진 프랑스 철학은 정치적으로 급진적이었지만(이 점은 프랑스 철학이 발생시킨 자극과 논쟁의 일부였다), 알튀세르야말로 가장 명백하게 맑스주의 논리에 입각해 사유한 사람이었다. 이론가들의 새로운 규준 내에서 알튀세르의 저작은 좌파 진영의 문학 및 문화 비평가들에게 가장 큰 영향을 미쳤다고 생각되었고, 실제로 가장 큰 영향을 미쳤다. 1970년대와 80년대의 정치적으로 열정적인 비평가들에게 끼친 영향을 통해 알튀세르는 오늘날의 포스트맑스주의적 비판 담론의 이면에서 계속해서 그것을 형성하는 힘이 되고 있다.

| '알튀세르주의' |

영어권의 문학비평가들은 알튀세르의 저작이 생산된 프랑스 철학제도 내에서와는 확연히 다른 방식으로 알튀세르의 저작을 나름대로 전유화하고 논의하였다. '알튀세르주의Althusserianism'는 영국 해협을 사이에 둔 양안에서 다른 현상으로 전개되었다. 에티엔 발리바르는 다음과 같이 회고한다.

> 엄밀히 말해서 프랑스에서는 폐쇄된 체계 혹은 '학파'로서의 '알튀세르주의'는 아마도 존재하지 않았던 것 같다. 왜냐하면 영국과는 대조적으로 프랑스에서 알튀세르의 저작은 소규모 단체 사람들만의 관심을 끈 것이 아니었고, 결과적으로 그의 저작은 애초부터 논쟁에 연루되었고 상충되는 경향들 속에 있었기 때문이다.(Balibar and Macherey, 1982 : 47)

영국에서 이론적인 아방가르드들이 알튀세르의 저작을 전유하였기 때문에 '알튀세르주의'는 비록 내적으로는 갈등을 겪고 있었지만 더 눈에 띄는 운동이었다. 맑스주의 비평가 테리 이글턴은 알튀세르의 저작이 영향력을 행사하게 된 맥락을 다음과 같이 기술했다.

> 1960년대 말과 70년대 초 베트남 문제, 시민권 문제, 학생운동, 북아일랜드의 반제국주의 투쟁, 노동운동의 적극적인 공세, 이 모든 사건들은 특히 좌파 진영의 이론적 논쟁을 유발시키는 전반적인 정치적 분위기를 조장하였다. 알튀세르와 공저자들의 저작은 이와 같은 이론에 대한 새로운 관심의 중심에 놓이게 되었고, 이는 영어로 번역되었다. 일반적으로 말해서, 알튀세르 저작의 매력은 그것이 이데올로기와 상부구조의 '상대적 독자성'에 대한 관심을 통해 문화에 대한 사회주의적 분석에 몰두하고 있는 사람들에게 이론적으로 핵심적인 개념을 제공하는 데 있는 것처럼 보이기도 한다. 그러나 그 매력은 동시에 '과학적인' 맑스주의와 레닌주의를 복권시킨 것, 그리고 어떤 의미에서는 정치적으로 혁명적인 그의 강력한 안티-휴머니즘 내에서도 드러난다.(Eagleton 1986 : 1)

테리 이글턴이 증언하고 있듯이, 알튀세르주의는 문학 연구에서뿐 아니라 다른 학문의 영역에서도 많은 좌파 지식인들에게 그들의 연구 분야에 대한 이론적으로 엄밀한 접근 방법을 제공하였다. 바로 이것이 진정으로 급진적인 정치적 결과를 발생시킨 것같이 보인다. 알튀세르주의는 좌파 진영의 문학비평가들이 문학이라는 제도 내에서 연구할 수 있게 해 주었을 뿐만 아니라, 그와 동시에 문학제도들의 현저하게 자유주의적이고 휴머니즘적인 이데올로기를 비판할 수 있게 해 주었다. 이러한 좌파 비평가 중 한 사람인 프랜시스 멀헌Francis Mulhern은 알튀세르의 맑스주의가 갖는 이론적 엄밀성이 문학 연구 분야에서 좌파의 관심을 끌게 된 이유가 "이 분야에서 지적인 불합리에 대한 의식이 심각하게 지속되고 있었기"(Mulhern 1994 : 160) 때문이라고 부언한다.

실제로 1930년대 영국의 맑스주의 비평은 그 단순성으로 인해 '총체적 난맥 상태'에 처해 있었다. 다른 한편으로 당시에 통용되던 유럽 대륙의 맑스주의 문학 이론은 "고질적으로 도식적"이거나(Lucien Goldmann), "미학적으로 교조주의적"인 성향이 있었다.(Gyögy Lukács) 그러다가 1960년 말, 알튀세르의 저작이 통용되면서 맑스주의 비평에 "새로운 시작"의 가능성이 열렸다고 멀헌은 말한다.

> 이러한 전망 내에서 처음으로 환원 불가능한 사회적 실천으로서의 예술에 대한 과학적이고 역사–유물론적 개념을 끌어내는 것, 명백히 특수한 한 대상에 대한 순전히 맑스주의적인 이론을 상정하는 것이 가능해졌고 또 필요했다.(Mulhern 1994 : 161)

| 피에르 마슈레 : 이데올로기적 형식으로서의 문학 |

피에르 마슈레는 알튀세르의 사적유물론이라는 과학적 설명에 기초해 과학적 문학비평의 기획을 지속적으로 전개시켰다. 1977년의 인터뷰에서 마슈레가 지적하고 있듯이, 이데올로기적 국가장치에 관한 알튀세르의 시론은 1968년 5월 파리에서 일어난 '사건들'에 대한 이론적 답변이었다. 1968년 5월 이후 "우리는 이전의 우리 작업을 특징지었던 모든 형식주의와 문화주의를 포기해야만 했다"고 마슈레는 단언하였다.(Macherey 1977 : 5)

알튀세르의 이데올로기적 국가장치에 대한 시론에 입각해 마슈레는 1970년대에 교육 이데올로기적 국가장치를 집중적으로 검토하였다. 르네 발리바르Renée Balibar의 《허구적인 프랑스어들Les françis fictifs》(1974)에 붙인 서문 〈이데올로기 형식으로서의 문학에 대하여〉에서 피에르 마슈레와 에티엔 발리바르는 프랑스 교육체계 내에 존재하는 문학의 이데올로기적 기능을 검토한다.

문어적 프랑스어의 분석과 그것이 일상적 프랑스어와 맺는 관계에 대한 르네 발리바르의 분석에 따라, 에티엔 발리바르와 마슈레는 한편으로 교육체계는 학교에서 사용되는 국어를 통해 통일된 국가제도라고 말한다. 그러나 다른 한편으로 프랑스어의 외관상의 통일성 내에는 각기 고유한 성질을 가지는 언어를 수반하며 서로 뚜렷이 다른 "두 수준의 교육"이 존재한다는 것이다. '기초 프랑스어français élémentaire'는 초등교육에서 학습된다. 반면에 더 고급한 수준에서는 '문어적 프랑스어français littéraire'가

학습된다. 학교교육의 이러한 분할은 "노동력의 판매와 구매에 기초한 한 사회의 사회적 분할을 재생산한다".(Balibar and Macherey 1996 : 281) 자본주의 프랑스에는 노동력 구매자를 위한 종류의 언어가 있고, 판매자를 위한 또 다른 종류의 언어가 있다고 발리바르와 마슈레는 말한다. 자본주의사회는 근본적으로 피착취자와 착취자라는 두 경제적 계급으로 분할되어 있다. 프랑스에서 이러한 계급 분할은 이데올로기적 수준에서 기초적인 언어와 고급 혹은 문어적 언어를 통해 영속화된다고 두 사람은 주장한다. 전반적으로 두 계급은 이러한 언어 속에서 교육받는다. 이러한 언어 분할이 재생산되고, 그와 더불어 계급 분할이 재생산됨과 동시에 이 분할이 국어라는 외관상의 통일성으로 소거된다는 것이다. 에티엔 발리바르와 마슈레는 다음과 같은 두 종류의 언어 사용이 있다고 쓴다.

> 공통 언어를 평등하지만 분리 불가능한 방식으로 상반되게 사용하는 방법이 존재한다. 요컨대 한편으로 '문어적' 프랑스어가 있는데 이것은 더 상위의 교육(중등 및 고등교육)에서 학습된다. 다른 한편으로는 '초급', '일반' 프랑스어가 있는데 이것은 자연적인 것과는 거리가 멀고 또 다른 수준(초등교육)에서 학습된다. 이 초급 프랑스어가 초급인 유일한 이유는 다른 프랑스어, 즉 '문어적' 프랑스어와의 불평등한 관계로부터 기인한다. 문어적 프랑스어는 초급 프랑스어와 맺는 동일한 관계로 인해 문어적이 된다.(Balibar and Macherey 1996 : 293)

지배계급이 교육체계의 마지막 단계에서 학습하는 '문어적'이거나 고급 언어의 모범적 사례가 되는 것이 문학이기 때문에 에티엔 발리바르와 마슈레는 이를 "이데올로기적 형식"이라고 부른다. '문학'이라는 것은 프랑스의 교육 이데올로기적 국가장치 내에서 착취계급의 우월성을 표현하고, 그래서 착취계급의 지배력을 재생산하는 일종의 고급 언어에 붙여진 이름이다. 지배계급의 재생산에서 문학이 담당하는 이와 같은 역할은 사회 내에서의 "문학의 물질적 기능"을 구성한다는 것이다.(Balibar and Macherey 1996 : 282)

교육 이데올로기 국가장치 내에서 문학 자체는 특별한 가치가 있는 담론으로 구성되어 있다고들 한다. 문학에 부여된 가치들의 속성은 변화한다. 그것은 아름다움이나 진리일 수도 있고 도덕적이고 정치적인 가치나 종교적 가치일 수도 있다. 하지만 그 속성은 늘 비문학적 담론과 구별되는 가치를 갖는다. 이것은 문학의 '미학적 효과', 즉 문학작품의 독서를 특별히 가치 있는 것으로 만드는 그러한 특질들이라고 불릴 수도 있다. 그러나 문학이 학습되는 교육 이데올로기 국가장치 내에서 문학의 미학적 효과는 사실상 이러한 종류의 경험으로 구성되어 있지 않다고 에티엔 발리바르와 마슈레는 주장한다. 오히려 문학의 미학적 효과는 근본적으로 문학비평의 실천, '문학'과 관련해 생겨나는 학문과 교육의 실천으로 이루어져 있다는 것이다. 그리고 이것들이 문학 연구의 제도를 형성한다.

이렇게 문학 개념 안에서 작동하는 이데올로기적 순환성이 존재한다. 즉, 한편으로는 문학이 특수한 가치를 가지고 있다는 이유로 비판적 담론이 생겨나고, 그와 더불어 문학 연구 제도가 생겨난다. 그러면서 문학은 그것이 갖는 비판적 담론으로 인해 특수한 가치를 가진다고 말해진다. 에티엔 발리바르와 마슈레는 다음과 같이 쓴다.

> 이제 우리는 이렇게 말할 수 있을 것이다. 요컨대 문학 텍스트는 이데올로기 전체를 재생산하는 동인動因이라고 말이다. 달리 말해서 문학 텍스트는 문학 효과를 통해 (모순을 수반하는) 동일한 이데올로기를 (항구적으로 가변적인 형식을 통해) 늘 재생산하는 '새로운' 담론들의 생산을 포함한다고 말이다. 문학 텍스트는 개인들이 이데올로기를 전유할 수 있게 하고, 또 그들이 문학 텍스트의 '자유로운' 담지자나 '자유로운' 창조자가 될 수 있게 해 준다. 문학 텍스트는 부르주아 사회에서 개인과 이데올로기 간의 구체적 관계를 조작하는 특권을 가지고 있으며 그것의 재생산을 확보해 준다.(Balibar and Macherey 1996 : 292)

발리바르와 마슈레는 교육 이데올로기적 국가장치 내에서 문학은 지배적 이데올로기를 재생산하는 수단으로 기능한다는 점을 말하고자 한다. 문학비평은 문학이라는 이데올로기 내에서 개인의 의견, 취향, 판단 등을 자유롭게 행사하는 것으로 간주된다. 그러나 실제로 문학비평은 하나의 이데올로기적 국가장치, 실은 학교나 대학, 문학 이데올로기적 국가장치와 같은 다수의 이데올로기적 국가장치들이 구축하는 실천 가운데 하나로 이루어져 있다. 이러한 이데올로기적 국가장치들은 대립하는 이데올로기들이 서로 연결되는 장소이지만, 전반적으로는 지배적 이데올로기를 재생산하는 실천들을 포괄하고 있다. 따라서 문학비평은 이데올로기적 담론이며, 일련의 이데올로기적 국가장치를 구성하는 실천 가운데 하나이다. 이데올로기적 담론을 만들어 내는 것이 이러한 이데올로기적 국가장치 내에서 문학이 담당하는 역할이라고 발리바르와 마슈레는 주장한다.

그러므로 문학의 '미학적 효과'는 또한 '지배효과'이다. 에티엔 발리바르와 마슈레는 문학 텍스트가 갖는 이러한 미학적 특질을 "이데올로기적 지배효과"라고 부른다. 문학이 작동하고 있는 이데올로기적 국가장치 내에서 '문학적' 특질은 개인을 지배적인 이데올로기에 예속시킬 수 있도록 확보해 준다. 지배계급과 피지배계급은 이 예속을 각기 다르게 체험한다고 발리바르와 마슈레는 주장한다. '문어적 프랑스어'의 환경에서 교육받은 지배계급의 구성원들은, 자신들이 이해하고 평가하며 비판할 수 있게 된 이 문학적 언어가 그들이 "이데올로기 내에서 사유할 수 있는 '자유'"를 명확히 표현해 준다고 생각한다. 발리바르와 마슈레는 이것이 "마치 지배처럼 경험되고 실천되는 예속"과 같은 것이라고 기술한다. 반면에 전반적으로 문학을 독서하지 않으며 또 프랑스에서 문어 환경 속에서 교육을 완결하지 못하고 단지 예속적 형식의 "일상적 프랑스어"만을 숙달해 온 노동자계급은 문학의 문학적 특질을 다른 방식으로 체험한다.

그들은 독서를 통해 자신들의 열등성만을 확증할 뿐이다. 예속이 의미하는 바는, 문학적 담론이 복잡한 관념과 느낌을 표현하는 데 소위 '불명료하고', '부적절한' 것으로 간주되는 담론을 지배하고 억압하는 것이다.(Balibar et Macherey 1996 : 292)

《문학은 무엇을 사유하는가?A quoi pense la littérature?》(1990)에 수록된 이후의 문학 연구에서 마슈레는 더 형식주의적 방식의 분석으로 되돌아간다. 그는 《문학생산이론》에서 취했던 근본적 입장을 고수하고 "문학적 수사가 한 시대의 이데올로기를 언급하는 것은 오직 그것이 자신을 자신과 충돌하게 만드는 경우에 한해서"라고 주장한다.(Macherey 1995 : 237) 하지만 이제 마슈레는 그가 "문학적 철학"이라 명명한 바를 비평의 대상으로 삼는다. 그리고 문학적 철학을 "문학에 의해 생산된 사유", 또 문학적 산물의 형태로만 존재하는 사유, 즉 《문학생산이론》에서처럼 텍스트에 앞서 존재하는 일군의 관념들과 대립되고 텍스트가 작동시키는 사유라고 규정한다. 그러므로 문학적 철학은 "개념 없는 철학"으로 기술될 수 있다.

문학적 철학은 근본적으로 문제 제기적인 지적 경험이다. 문학적 철학은 철학적인 문제들을 드러내어 그것들을 상술하고 연극적인 의미에서 '무대에 올리며' 또 그 문제들을 해결하거나 끝장낸다거나 논증을 통해 제거해 버리려는 모든 결정적이거나 결정적이라고 가정되는 시도를 피하는 데에 존재한다.(Macherey 1995 : 234)

그래서 빅토르 위고에 대한 시론에서, 마슈레는 위고와 다른 작가들이 그린 '하층민'의 형상을 분석하면서 이 형상을 1830년대와 1840년대의 '역사적 상상력'의 산물 혹은 문학적 철학의 산물로 기술한다. 마슈레는 이 형상과 이러한 일군의 상상력이 "새로운 현실의 출현, 즉 대중의 출현을 확인하고 이해하려는 고심"의 문학적 표현이라고 본다.(Macherey 1995:107) 그러면서 문학적 철학을 주어진 사회체의 '신화' —"만인이 수용 가능한 사회체의 집단적 실존 조건에 대한 해석"(Macherey 1995:108)—라고 기술한다. 이것은 알튀세르 초기 저작 속의 이데올로기처럼, 이 해석을 출현시키는 사회체의 "작동에 핵심적인 요소"가 된다.

| 테리 이글턴 : 텍스트학을 넘어서 |

영국의 문학 연구 내에서 알튀세르와 마슈레의 저작을 가장 세밀하게 검토한 사람은 테리 이글턴(1943년생)이다. 특히 《비평과 이데올로기Criticism and Ideology》(1976)에서 이글턴은 문학비평을 과학적으로 실천하고자 알튀세르와 마슈레의 문제계 하에서 비판적인 연구를 수행한다. 그는 문학 텍스트는 이데올로기적 담론의 원재료를 생산해 낸다고 주장한다는 점에서 마슈레를 따른다. 그러면서 실증적 예시를 통해 문학 텍스트가 이데올로기적 담론의 원재료를 생산하는 방식은 연극 상연이 희곡 텍스트의 '생산물'이 되는 방식과 유사하다고 부연한다. 게다가 이데올로기 자체도 이와 유사한 생산, 요컨대 역사적 실제라는 원재료에 의해 생산된 것이라고 주장한다. 그래서 이글턴은 생산물의 생산물로서의 문학 텍스트를 "제곱된 이데올로기"(Eagleton 1976 : 70)라고 부른다.

그럼에도 불구하고 이글턴은 알튀세르의 '진정한 예술' 개념에 비판적이다. 이글턴은 알튀세르의 〈예술에 대한 서신〉을 "암시적이고 대단히 불만스러운 서술"(Eagleton 1976 : 83)이라고 묘사한다. 진정한 예술이라는 개념은 이론적 엄밀성의 "심각한 회피"이고, 이러한 회피 속에서 알튀세르는 어떤 예술은 진실하거나 "진정"하고 다른 어떤 예술은 그렇지 않다는 가치평가적 판단을, 예술에 대한 과학적 설명의 시작을 대표한다고 하는 담론 속에 슬그머니 밀어 넣었다. 이글턴은 다음과 같은 물음을 던진다.

> 여기서 기술된 절차가 발생하기 때문에 예술은 미학적 '진정성'을 **구축하는** 것일까, 아니면 다른 검토되지 않은 기준들을 통해 평가되어야 하는 그런 '진정성'을 지닌 작품으로부터 예술이 단순히 결과되는 것일까?(Eagleton 1976 : 83)

진정한 예술의 기준에 대한 논의가 부재한 상태에서 알튀세르의 설명은 사실 진정한 예술은 진정한 예술이다라든가, 아니면 자신의 원료가 되는 이데올로기와 내적으로 거리를 두는 작품이 자신의 원료가 되는 이데올로기와 거리를 둔다고 말하는 동어반복에 빠진다는 것이다. 그러면서 문학 텍스트는 형식을 통해 자기 내에 있는 이데올로기적 내용과 거리를 둘 수 있다는 마슈레의 논지 전개에 이글턴은 다음과 같이 응수한다.

형식주의를 고수하는 것은 거기에 있는 문제를 그대로 남겨 두는 것이다. 왜냐하면 텍스트와 이데올로기의 관계가 형식에 의해 결정적인 영향을 받는 것이 사실이라 해도 그것이 완전한 진리는 아니기 때문이다.(Eagleton 1976 : 83)

이글턴은 알튀세르와 마슈레에게서 그가 간파한 욕망, 즉 이데올로기로부터 예술 작품을 "구해 내거나" 혹은 "되찾아 오려는" 욕망을 비판한다. 이데올로기를 "우리로 하여금 이해할 수 있게 해 주는" 예술에 대한 그들의 논의는, 예술이 단순한 엔터테인먼트나 대중문화를 '초월' 혹은 능가한다는 전통적 관점을 외관상 유물론적인 언어로 바꿔 말한 것에 불과하다. 이글턴은 알튀세르의 입장에서 작품이 불러일으키는 이데올로기적 효과는 독자 내에서 발생한다고 주장한다. 부르주아 미학에서는 문학이 실제에 대해 무용할 수밖에 없는 식견을 제공하는 반면, 알튀세르와 마슈레의 이론에서는 문학이 이데올로기에 대해 무용할 수밖에 없는 식견을 제공한다는 것이다.

자유주의적 휴머니즘의 문제계는 다른 형식으로 보존된다. 특권적인 각성의 순간에 우리에게 드러나는 것이 실제가 아니라 오히려 이데올

로기라는 생각은 적절하다.(Eagleton 1976 : 86)

이데올로기를 만들어 내기 위해 문학 텍스트가 사용하는 형식적 기제들 자체가 이데올로기적이기 때문에, 문학 텍스트는 이데올로기에 단순히 형식을 부여하는 것이 아니라고 이글턴은 주장한다. 한 사회 내에서 작가가 운용 가능한 문학의 형식과 기제 자체는 그 사회의 역사에 의해 결정된다.

> 텍스트는 그 형식을 통해 이데올로기와 관계를 수립한다. 하지만 텍스트가 이러한 관계를 수립하는 것은 텍스트가 작동시키고 있는 그 이데올로기의 **특성**을 수단으로 해서이다. 이 이데올로기가 만들어 내거나 가능하게 하는 문학 형식들을 변조하는 작업과 **더불어** 이 이데올로기의 특성이 텍스트가 성취하고자 하는 중요하거나 무용한 지각知覺의 정도를 결정한다.(Eagleton 1976 : 84)

이글턴은 텍스트와 이데올로기 간의 변증법적 관계를 주장한다. 이러한 변증법적 관계 속에서 문학 텍스트는 작가가 바로 그 이데올로기 내에서 운용 가능한 일련의 형식, 주제, 기제를 통해 이데올로기를 만들어 낸다. 이것은 상호 변형적 관계이고 이 상호 변형적 관계는 "텍스트가 이데올로기에 가하고 또 이데올로기가 텍스트에 가하는 부단하고 상호적인 **작용**으로서만 파악될 수 있는" 그러한 관계이다.(Eagleton 1976 : 99) 이 텍스트는 수정되고 있는 바로 그 이데올로기가 결정한 절차 내에서 그 이데올로기를 수정한다. 그러므로 과학적 문학비평의 대상은 "서로가 서로를 구축하는 두 형성체, 즉 텍스트에 의해 형성되는 이데올로기의 속성과 이 형성이 취하는 미학적 양식 그것이다".(Eagleton 1976 : 85)

이 점에서 볼 때 마슈레는 텍스트와 이데올로기 간의 관계가 상이한 여러 형식들을 갖는다는 점을 개진하는 데에 실패했다고 이글턴은 주장한다. 마슈레는 텍스트에 의한 이데올로기적 내용의 형성은 일련의 내적 모순과 결함을 발생시킨다고 보았다. 이것이 사실일 수 있지만 언제나 사실일 수는 없다고 이글턴은 지적한다. 이글턴은 알렉산더 포프Alexander Pope의《인간론 Essay on Man》(1732~44)을 인용하는데, 거기서 텍스트가 만들어 내는 이데올로기상의 모순은 명백히 자기모순적인 텍스트를 야기시키지는 않는다. 이글턴은 분명히 다음과 같이 쓴다.

> 이데올로기가 텍스트를 무질서 상태로 몰아넣는 상충적인 방식들이 존재한다. 그리고 심지어 여기서도 우리는 **의미**의 무질서(혹은 의미 수준의 무질서)와 **형식**의 무질서를 구분해야 한다.(Eagleton 1976 : 94)

알튀세르와 마슈레에 대한 이글턴의 가장 근본적인 비판은, 두 사람의 이데올로기 개념이 "총체화하는" 개념이라는 것이다. 총체화하는 이데올로기 개념 속에서는 이데올로기를 특징짓는 내적 모순을 제대로 확인할 수 없다. 이전의 모든 반론은 바로 이러한 비판에서 비롯되었다. 마슈레는 이데올로기를, 비록 자체 내에 정합성을 가지고 있다고는 하지만 자기 고유의 말로 자기 고유의 수많은 실제에 대해 말할 수 없는 역사적 실제에 대한 오독으로 보았다. 이렇게 보면, 이데올로기는 정확히 우리가 이 역사적 실제를 말하는 것을 방해하기 위해 존재한다. 이글턴은 이러한 관점에 이의를 제기한다. 이데올로기 자체는 정합적이거나 수미일관하지 않으며 오히려 스스로와 상충되고 자기모순적이라는 것이다. 이데올로기는 담론들의 파편들로 건조되었고 이 담론의 파편들은 실제의 오독이기 때문에 이 실제에 대한 단일하고 통일된 설명을 구축할 수 없다.

> 이데올로기는 …… 이러한 동질성을 갖고 있지 않다. 이데올로기는 분명히 **동질화하는** 경향이 있다. 하지만 마슈레가 그것에 부여한 성공은 다행히 결코 존재하지 않는다. 알튀세르의 저작은 대단히 유감스럽게도 계급투쟁의 장으로서의 이데올로기 자체가 얼마나 불안정하고 내적으로 모순적인지를 간과했고, 또 그것이 단일체가 아니라는 사실을 간과했다.(Eagleton 1986 : 19)

이데올로기가 동질적 담론을 구성하는 경향이 있는 한에서 이글턴에게 징후적 독해는 여전히 유효한 비판적 절차이다. 그러나 이데올로기가 동질적 담론을 결코 구축할 수 없기 때문에 다른 종류의 분석도 필요하다고 이글턴은 주장한다. 바로 이것이 이글턴에게는 직접적으로 정치적인 핵심 문제이다. 그가 알튀세르와 마슈레의 글에서 작동하고 있다고 본, 이 이데올로기의 총체화하는 관점의 배면에서 이글턴은 프랑스공산당의 스탈린주의 정책을 발견해 낸다.

> 이데올로기가 실제로 체험된 경험과 동일해진다면 …… 개념으로서
> 의 정치적 신랄함을 상실하게 되는 것 같다. 이데올로기가 계급투쟁
> 의 장으로부터 소거되어 버린 것이다.(Eagleton 1982 : 55)

《발터 벤야민 혹은 혁명적 비판을 향하여Walter Benjamin, or Towards a Revolutionary Criticism》(1981)에서 이글턴은 그의 초기 저작에서 발견되는 알튀세르의 문제계를 넘어선다. 그는 문학과 예술을 분석하는 거의 모든 내로라하는 맑스주의 학자들이 연구해 온 방식인 바로 그 '맑스주의 비판'이라는 개념을 비판한다. 대부분의 '맑스주의 비평'은 프롤레타리아계급이 패배하는 시기로부터 시작되는 경향이 있고, 지배적인 자본주의사회의 제도 내부로부터 사적유물론의 관점에 입각해 이 유물론과 근본적으로 무관한 미학적 범주들을 이론적으로 재정립하려는 경향이 있다고 이글턴은 지적한다. '문학' 자체도 그러한 범주이다.

> 조지 엘리엇을 맑스주의적으로 분석하는 것은 분명 가능하다. 오히
> 려 필요하다. 그러나 이러한 분석을 통해 자신을 규정하는 모든 '맑
> 스주의 비평'은 이번에도 여전히 부르주아 이데올로기와 결정적으로
> 단절하는 데 실패하고 말았다. 이러한 비평은 실질적인 차이를 만들
> 어 내는 새로운 이론적 공간을 명확히 표식하기는커녕 동일한 대상

에 새로운 물음을 던질 뿐이다.(Eagleton 1981 : 97)

이글턴은 맑스주의 비평을 넘어서서 이른바 "혁명적 문화 이론", 실천, 정치라 명명한 바를 구상한다. 그는 이러한 실천의 예를 현대 페미니스트 비평에서 발견한다. 페미니스트 비평은 비록 그것이 주로 대학 내에서 생산되고 있음에도 불구하고 그 보다 방대한 정치운동과 소원하지 않은 상태이다. 페미니즘 비평은 문학 텍스트가 발생시키는 이데올로기 효과와 사회제도 내에서 이러한 이데올로기적 효과가 담당하는 역할을 잘 의식하고 있다. 실제로 지배적인 양식의 페미니스트 비평은 문학의 규범을 비판하고 재구성하면서 시작되었다. 그 결과 페미니스트 비평은 문학 텍스트를 그것이 생산되고 수용되는 사회적 맥락으로부터 격리시키려는 이데올로기의 함정에 거의 빠지는 일이 없다. 이러한 점에서 볼 때 혁명적인 문화적 정치 전략은 페미니즘에서 교훈을 얻을 수 있다고 이글턴은 말한다. 그는 이러한 혁명적 정치 전략을 다음과 같이 기술한다.

이러한 담론은 '문학'과 관련된 지배적 개념들을 일망타진하고 '문학적' 텍스트를 문화 실천의 전반적인 영역에 재삽입할 것이다. 이러한 담론은 이 문화적 실천과 다른 형태의 사회적 활동을 연관시키고 문화적 기제들 자체를 변형시키는 데 전력을 기울일 것이다. 이러한 담론은 문화적 분석과 정합적인 정치적 개입을 결합시킬 것이다. 이러한 담론은 일반적으로 용인되는 '문학'의 위계질서를 해체하고 또 일반적으로 용인되는 판단과 가정의 가치를 변화시키고자 한다. 이러한 담론은 또 문학 텍스트의 언어와 '무의식'을 활용하여 그것이 주체를 이데올로기적으로 구축하는 데 담당하는 역할을 파헤쳐 보고자 한다. 그리고 이러한 담론은 이러한 텍스트들을 더 광범위한 정치적 맥락 내에서 이 주체들을 변형시키는 투쟁에, 필요하다면 '해석학적 폭력을 통해' 동원할 것이다.(Eagleton 1981 : 98)

이 구절이 암시하듯, 이글턴은 프랑스 철학자 자크 데리다 Jacques Derrida(1930~2004)와 연관된 해체적 비평의 정치적 중요성도 의식하고 있었다. 데리다의 저작은 일군의 비평가들에 의해 미국의 문학 연구에 수용되었고, 이 비평가들은 미국 신비평의 텍스트적 정론을 타파하고 문학 텍스트로 개시된 한없는 의미화의 놀이를 강조하고자 데리다의 저작을 이용했다. 이러한 종류의 박학한 쾌락주의가 지속적으로 행한 정치와 비평의 분리에 반대하면서, 이글턴은 데리다가 〔애초에〕 의도했던 대로, 해체를 정치적으로 비판적인 분석 양식으로 이용했다.

이글턴은 텍스트의 분명한 목적과 실제로 텍스트가 행하고 있는 것 간의 모순을 분석하는 데리다의 방법론을 전용하여 문학적 · 문화적 · 비평적 텍스트에서 이데올로기적 담론의 논리를 비평하려고 한다. 1990년대 중반부터 이글턴은 아일랜드 역사를 둘러싼 정책에 지속적으로 관심을 기울이기 시작했다. 이글턴이 맑스주의 문학비평을 대체하고자 한 그런 종류의 문화적 정치 전략은 맑스주의, 페미니즘, 해체론, 탈식민주의 그리고 문화 연구의 절충적 혼합으로 이루어져 있다. 그가 알튀세르의 기도를 후기 알튀세르적 방식으로 지속하는 데, 요컨대 문화 분석을 정치적으로 진보적인 방식으로 전개하는 데 의지하고 있는 주요 담론들만을 열거한다면 말이다.

| 《스크린》: 영화와 주체 |

알튀세르의 생각들은 마슈레나 이글턴의 사유에서보다도 '스크린Screen'이라는 잡지를 중심으로 활약한 일군의 비평가들의 작업에서 더 빈번하게 활용되었다. 영화텔레비전 교육학회가 1971년부터 발간하기 시작한 《스크린》은, 강단문학비평에서 광범위하게 무시당해 온 매체인 영화에 대한 이론적 분석에서 선도적인 토론의 장이 되었다. 이 잡지에 최초로 중대한 영향을 미친 비평가는 프랑스의 영화비평가 크리스티앙 메츠Christian Metz이다. 메츠의 영화 이론은 구조주의적 문학비평의 영향을 받은 세밀한 영화 분석 방법론의 출발점이 되었다. 이후 《스크린》은 알튀세르의 영향을 받은 맑스주의적 관점에 입각해 영화 비평을 하기 시작했다. 영화 기호들에 대한 순전히 기술적인 연구가 그 주된 비판의 대상이었다. 《스크린》의 편집자이자 기고자인 콜린 맥케이브Colin MacCabe가 이 시기에 다음과 같이 썼듯이 말이다.

알튀세르의 사유는 …… 문화적 형식, 이 경우에는 영화와 영화 산업에 대한 특수한 분석이 다음과 같은 확신 속에서, 즉 영화 산업의 특수성은 자본과 노동의 근본적인 분할과 이 분할의 재생산에서 제 역할을 담당하는 이데올로기적 형성체와 연관이 있다는 확신 속에서 행해질 수 있는 지적인 공간을 제공하였다.(MacCabe 1985:13)

멕케이브에 따르면, 《스크린》은 알튀세르의 저작에서 특히 두 가지 요소를 이용하였다.

첫째로 영화와 같은 상부구조적 형성체의 상대적 자율성 개념이다. 알튀세르의 이 개념 덕분에 《스크린》지의 비평가들은 영화 형식들에 대한 상세한 분석을 그 형식들의 경제적 상황으로 거슬러 올라가지 않고 분석하는 것이 진정으로 타당하다고 생각되면 그렇게 행할 수 있게 되었다. 알튀세르의 저작으로 인해 《스크린》지의 비평가들은 이전 세대 맑스주의 비평의 경제적 결정론에 얽매이지 않으면서도 유물론적이고 사회주의적인 영화비평을 할 수 있게 되었다.

둘째로 상대적 자율성 개념에 근거해 비평가들은 영화와 관련된 제도와 학문 내에서 정치적 개입의 효과를 진지하게 고찰할 수 있게 되었다고 맥케이브는 설명한다. 예를 들어 '영국문학'에 대한 휴머니즘적 평가에 전통적으로 헌신해 온 제도들 내에서 영화에 대한 유물론적 분석을 주장하는 것은, 알튀세르의 저작에 비추어 볼 때 이 제도가 그 한 부분을 이루고 있는 사회 내에서 계급투쟁과 간접적이지만 궁극적으로 연관된 투쟁이다. 간단히 말해서, "알튀세르로 인해 사람들이 계급투쟁과 혁명의 실제에 대한 신념을 확고하게 유지하면서도 제도와 관념을 진지하게 성찰할 수 있게 되었다".(MacCabe 1985 : 16)

　실제로 《스크린》지가 1970년대의 이론적 논쟁에 가장 크게 기여한 바는, 알튀세르의 저작에 입각해 본 이데올로기 내에서 영화가 담당하는 기능과 자크 라캉의 정신분석에 기초해 본 개인 주체가 일상생활에서 갖는 기능 간의 관계를 많은 필자들이 사유하려 했다는 점이다. 이데올로기는 우리를 주체로서 호명한다고 알튀세르는 주장하였다. 라캉도 개인을, 언어 속으로 들어감으로써 분열된 '주체'로 보았다. 언어 속에서 주체의 전前언어적 욕망은 표현될 수 없다는 것이다. 라캉이 보기에 발달하는 개인의 주체성을 결정하는 것은 언어의 '상징적' 질서 그리고 언어 코드와 유사한 모든 코드의 '상징적' 질서이다. 알튀세르의 견지에서 이 질서는 주로 이데올로기의 질서로 기술될 수 있다.

　《스크린》의 가장 소중한 작업은, 언어로 결정된다는 한에서의 라캉의 개인 주체 설명을 이데올로기로 결정된다는 한에서의 알튀세르의 주체와 연관시켜 보려는 필자들의 시도였다. 〈아나타 모Anata Mo〉(1976)에서 스티븐 히스Stephen Heath는 다음과 같이 쓰고 있다.

　　주체로서의 개인의 구축에 관한 물질적 역사가 존재하며 이 역사는 또한 주체의 사회적 구축이기도 하다. 달리 말해서, 우선적으로 사회적/이데올로기적 형성체를 위한 주체를 구축하고 나서 이 형성체 내에 구축된 근간으로서의 주체를 위치시키는 것이 아니라 이 절차가 하나라는 것, 일종의 필연적인 동시성 속에 있다는 것이다. 마치 종이의 앞뒷면처럼 말이다.(Heath 1976:62)

히스가 의미하고자 하는 바는, 개인 주체는 동시적인 두 절차에 의해 결정된다는 것이다. 두 절차는 실제로 하나의 단일한 복합 절차를 만들어 내기 위해 상호작용한다. 한편으로 우리가 발화 주체의 자격으로 삽입되는 그러한 언어 형식들에 의해 주체는 항상 이렇게 설정된다. 다시 말해, 우리의 우리 자신에 대한 이해가 늘 이렇게 결정된다는 것이다. 다른 한편으로 이러한 형식들은 우리가 이와 동시에 참여하고 있는 사회 내에서 계급의 이해관계를 매개한다. 언어는 우리를 욕망의 주체로 설정하고, 이데올로기는 우리를 계급사회의 주체로 설정한다. 히스와 《스크린》지의 다른 기고가들에게 중요한 것은, 영화가 이 두 절차 내에서 동시에 기능하는 방식을 분석하는 것이다.

예를 들면, 〈이론과 영화Theory and Film〉에서 콜린 맥케이브는 영화 〈아메리칸 그래피티American Graffiti〉(조지 루카스, 1973) 속의 '시선'과 '관점' 간의 관계를 분석한다. 이 영화 주인공의 안정적 정체성을 구축해 주는 영화의 기제들은 관객이 주인공과 유사한 안정적인 정체성을 지닌 인물로 자신을 생각하며 영화를 볼 수 있는 관점을 제공한다고 맥케이브는 설명한다. 맥케이브는 이러한 관점의 구축을 라캉이 '상상계'라고 명명한 것, 즉 나 자신이 통제하고 있는 안정된 통일체로서 내가 나 자신을 생각하는 오해가 불러일으키는 쾌락과 결부시킨다. 이 영화의 다양한 '시선'은 이 안전성을 교란하는 위협을 가하지만, 영화의 네러티브와 기제들은 이 위협을 해소하고자 작동한다는 분석이다. 그리고 나서 맥케이브는 "텍스트와 관객 간의 상상적 관계의 파열은 예술에서 제기하는 정치적 질문의 첫 번째 필요조건"이라고 주장한다.(MacCabe 1985 : 73)

맥케이브의 주장에 따르면, 〈아메리칸 그래피티〉는 이 영화를 감상하는 데 필요한 안정적인 주체의 입장을 유지할 목적으로 작동하므로 관객에게서 사회적 모순을 제거해 버린다. 이 사회적 모순 내에서 이와 같은 주체의 안정적 입장은 실제로 이데올로기적인 환상이다. 특히 이 영화는 미국의 관객들로부터 그들이 1973년 당시 겪고 있던 베트남전쟁의 충격이라는 맥락을 제거해 버린다. 이 영화가 관객을 위해 구축한 주체의 입장은 인식의 입장이다. 이 인식의 입장에서 관객은 이 영화가 묘사하는 베트남전쟁 이전의 순진무구로 되돌아갈 수 있는 것이다. 맥케이브가 쓰고 있듯이 "이러한 인식은 우리가 현재의 정치와 모순의 밖에 위치하고 있는 것을 전제로 한다".(MacCabe 1985 : 73) 바로 이것이 알튀세르가 명명한 바, 우리 자신이 우리의 실존 조건과 맺는 실제적 관계의 상상적 표상이다. 이 영화는 영화를 처음 보는 관객이 베트남전쟁 시기에 미국 사회가 만들어낸 일련의 복잡한 모순과 이데올로기적 관계를 체험할 수 있게 해 준다. 그와 동시에 그와 동일한 방식으로 영화는 개인 주체로서의 관객들에게 궁극적으로 안정된 정체성이라는 즐거운 안도감을 제공한다. 무의식으로부터 개인에게 지속적으로 영향을 끼치고 있는, 개인 정체성에 가해지는 수많은 위협에도 불구하고 말이다.

| 레이먼드 윌리엄스 : 문화유물론 |

《스크린》지의 집필자들은 알튀세르 저작의 용어들을 분명히 넘어서고 있다. 문학과 문화 연구 분야에서 알튀세르 저작의 문제계를 가장 영향력 있게 넘어선 것은 레이먼드 윌리엄스Raymond Williams(1921~1988)가 발전시킨 '문화유물론'이다.

《마르크스주의와 문학Marxism and Literature》(1977)에서 윌리엄스는 알튀세르와 알튀세르주의 비평가들이 문학작품과 문화 분석에 이용한 이데올로기 이론을 넘어선다. 그는 이데올로기 이론에서 벗어나 이탈리아의 공산주의자 안토니오 그람시Antonio Gramsci(1891~1937)가 개진한 '헤게모니hegemony' 개념에 대한 문화적 해석을 옹호한다.

무솔리니 치하의 수감 기간 동안에 쓴 수기에서, 그람시는 헤게모니와 '지배' 혹은 지배계급이나 계급연합이 위기 시 자신들의 위상을 유지하기 위해 사용하는 직접적인 강제를 구분한다. 헤게모니는 현행의 사회관계 체계가 '자연스럽고' 불가피하며 현실적으로 최적의 체계라는 사회적 합의를 고취하는 데 작용하는 정치적·사회적·문화적 힘의 더 일상적인 복합체이다. 윌리엄스가 보기에 전통적 맑스주의 이데올로기 개념에 비해 헤게모니 개념이 갖는 장점은, 헤게모니 개념이 문화적 형태로 작동하는 지배 절차를 의식적인 생각이나 신념 및 사유 체계와 같은 단순한 수준에서가 아니라 사회생활의 **전반적 절차**의 수준에 위치시킨다는 데 있다.

> 그러므로 헤게모니가 단지 '이데올로기'의 명백한 상층부인 것만은 아니다. 뿐만 아니라 일상적으로 '조작'이나 '세뇌'로 여겨지는 형식들이 그 통제 형식인 것도 아니다. 헤게모니는 우리의 감각과 에너지 배분, 우리 자신과 세계에 대한 지각의 형성 등과 같이 생활 전반에 대한 실천과 예상의 총체이다. 헤게모니는 의미와 가치를 구성하는 경험된 체계이다. 이러한 의미와 가치는 실천으로서 경험되기 때문에 서로를 확고부동하게 해 주는 것 같다.(Williams 1977 : 110)

비록 윌리엄스가 알튀세르의 저작을 "사상과 신념의 의식적 체계"로서의 이데올로기라는 전통적인 맑스주의 테마의 변조로 언급하고 있다 할지라도, 헤게모니에 대한 이러한 정의는 알튀세르의 이데올로기 개념과 대조적일 수 없다. 앞에서 인용한 구절은 그람시의 헤게모니 개념은 물론이고, 알튀세르의 이데올로기 개념의 설명에도 충실하다. 심지어 윌리엄스는 알튀세르의 핵심 용어 '체험된lived'을 사용하고 있다. 윌리엄스가 알튀세르를 진정으로 넘어서기 위해 그람시의 개념을 사용하는 곳은 바로 '대항-헤게모니'와 '대안적 헤게모니' 개념에서이다.

알튀세르는 이데올로기 개념을 지배계급의 이데올로기 개

념으로 결코 환원시키지 않는다. 〈이론, 이론적 실천, 그리고 이론적 형성체Théorie, Pratique Théorique et Formation Théorique, Idéologie et Lutte Idéologique〉에서 알튀세르는 상이한 사회 계급들의 입장을 표명하는 "상이한 이데올로기적 경향들"에 대해 논의한다. 바로 이런 의미에서 우리는 부르주아지의 이데올로기뿐만 아니라 프롤레타리아트의 이데올로기도 논의할 수 있는 것이다.

이데올로기적 국가장치에 대한 시론에서 알튀세르는 이데올로기적 국가장치들은 그 자체가 이데올로기는 아니며 오히려 계급투쟁의 **장소**라는 점을 분명히 한다. 이곳에서 대립하는 이데올로기들은 지배적인 이데올로기에 대한 그들의 저항을 분명히 표명할 공간을 발견할 수 있는 것이다. 알튀세르의 사유에서 강조점은 분명하다. 서로 대립하는 이데올로기들이 존재하고 또 이 이데올로기들이 자기표현을 하는 데 이용하는 제도들이 존재하지만, 그럼에도 불구하고 사회적 저항의 실제적 형식으로서의 이데올로기들은 지배적 이데올로기와 그 제도들에 편입됨으로써 무효화된다.

윌리엄스가 보기에 이것은 문화적 형식들, 지배적인 이데올로기에 저항하고 그것과 대립하며 단절하는 사상과 에너지가 사회생활의 복합적인 총체 내에서 담당하는 역할을 충분히 강조하지 못한다. 그람시처럼 윌리엄스는 모든 사회적 절차 내에서 궁극적으로 계급관계의 기존 구조 유지를 기능으로 하는 헤게모니의 형식과 담론이 작동한다 해도 이 구조에 반해 작동하는 '대항-헤게모니적' 형식과 담론의 중요한 복합체가 존재한다고 주장한다.

정의상 헤게모니는 항시 지배적이지만, 정치적이고 문화적으로 확장된 의미에서 헤게모니의 실제는 결코 총체적이거나 절대적이지 않다. 항시 대안적 형식 혹은 직접적으로 대립하는 정책과 문화는 사회의 중요한 요소들로서 존재하고 있다.(Williams 1977:113)

역사적·정치적·문화적 분석을 통해 헤게모니 개념은 사회적 절차의 헤게모니적 형식과 대항—헤게모니적 형식 간의 복합적인 실제를 이해할 수 있게 해 준다. 한 문화가 갖는 헤게모니적 형식들은 '지배적인 이데올로기' 개념과 대조적으로 그것들에 저항하고 대립하며 대안을 발전시키는 담론과 실천에 대응하는 영속적인 절차이다. 그리고 그 형식과 내용은 이 절차를 통해 결정된다. 마찬가지로 대항—헤게모니적 담론들은 그것들이 저항하는 헤게모니적 실천들로 결정된 형식들 내에서 발전한다.

모든 헤게모니적 절차는 그 지배를 문제 삼는다던가 위협하는 대안을 특별히 경계하고 대응해야 한다. 그리고 나서 문화적 절차의 실제는 어떤 식으로든 특수한 헤게모니적 환경의 밖이나 가장자리에 위치하게 되는 사람들의 노력과 기여를 항시 포섭해야 한다.(Williams 1977:113)

윌리엄스는 사회생활의 "모든 실제적 절차의 내적인 역학 관계"를 분석하는 데 필요한 전문용어를 발전시킨다. 윌리엄스는 첫째로 우리는 '지배적' 혹은 헤게모니적인 문화의 형식과 실천 개념을 유지할 필요가 있다고 주장한다. 모든 사회적 절차의 복합적 실제 내에서 이러한 지배적 형식과 실천은 '잔존적'이거나 '신생적인' 것과의 관계를 상호적으로 결정하는 데 작용을 가하고 있다. 윌리엄스는 "전반적으로 과거의 요소로 인정되고" 또 이따금씩 의식적으로 과거의 것으로 리바이벌되는 단지 '낡은 것'과 문화적 절차의 잔존 요소를 구분한다. 영국 문화에서 절대왕정은 이러한 낡은 요소에 해당된다. 반면에 잔존적인 것은 과거에 전개되었지만 "여전히 문화적 절차 내에서 현행적일 뿐만 아니라 종종 결코 과거의 것이 아니라 현재의 실제적 요소"가 되는 것이다.(Williams 1977:122) 다시 말해서, 문화적 절차의 잔존 요소들이란 현재의 문화 내에서 여전히 적극적인 힘을 구축하는 과거의 생활양식이다.

윌리엄스가 영국 문화에서 들고 있는 이러한 생활양식의 한 예는 기독교가 구축한 것이다. 그는 지배적 문화에 편입된 잔존 형식들과 지배적인 문화에 대립한다거나 대안을 제시하는 잔존 형식을 구분한다. 교회 내에는 그것이 현대문화에서 작동하고 있음으로 해서 지배적인 문화 내에 편입된 공식적인 도덕성이나 사회질서와 같은 의미와 가치가 존재하지만, 다른 한편으로 이것들의 대안이 되는 절대적 평등, 보상을 바라지 않는 헌신과 같은 다른 의미와 가치들도 존재한다.

'신생적'이라는 것을 통해 윌리엄스가 의미하고자 하는 바는 첫째로 사회생활의 절차 속에서 지속적으로 만들어지는 "새로운 의미와 가치, 새로운 실천, 새로운 관계와 여러 종류의 관계"이다. 여기서 지배적 문화의 새로운 단계를 단지 구성하기만 하는 요소들과, 사회생활의 대안적 방식의 발전을 표명하는 진정으로 신생적인 형식들을 구분하는 것은 중요하고 실제로 어렵다.

산업혁명 속에서 탄생한 이래로 노동계급이 해 왔던 식으로 새로운 사회 계급은 신생적인 문화 형식들을 발전시킬 것이라고 윌리엄스는 주장한다. 신생적인 문화 형식들은 전형적으로 이 신생적인 문화 형식들에 대응해 이것들을 지배적 문화 내에 편입시키려는 미완의 시도에서 발생하는 지배적 문화적 실천들과의 관계 속에서 불규칙하게 전개된다. 그러나 신생적인 실천들은 대립하는 사회 계급이 만들어 낸 것만은 아니다. 어떤 지배적 문화도 인간의 사유와 실천 전부를 내포하거나 편입시킬 수 없기 때문이다. 실제로 지배적인 문화들은 자신들이 지배력을 행사하는 문화 내에 편입시킬 수 있는 실천 영역의 범위에 기초해 역사적으로 비교될 수 있다. 윌리엄스가 보기에 지배적인 문화 형성체들이 배제하려고 하는 것은 전형적으로 "개인적이거나 사적인 것", "자연적이거나 형이상학적인 것"이다. 왜냐하면 정의상 이러한 형성체들은 사회적인 것을 지배하는 개념들의 수준에서 주로 작동하기 때문이다.

직접적인 관계 내에서 타자들을 지각하는 대안적 방식, 물질세계에 대한 새로운 지각과 실천 방식과 같이, 〔대립하는 계급으로부터 나온 것과는〕 다른 배제된 사회적 존재와 의식이 항시 존재한다.(Williams 1977 : 126)

게이 문화와 레즈비언 문화의 형식은 문학 및 문화 연구의 제도 내에서 게이 연구와 레즈비언 연구가 그렇게 하고 있듯이 현대 문화에서 신생적인 요소의 한 예라 할 수 있다. 현실적으로 이러한 신생적 문화 형식이 이러한 모습을 드러낸다고 명확히 지적하기는 쉽지 않은 일이다. 문화적 형성체는 윌리엄스가 "전前신생적" 형식 혹은 "느낌의 구조"라고 부르는 것도 포함한다.

윌리엄스가 이러한 용어를 통해 의미하고자 하는 바는, 사회적 절차 내에는 다양한 사회적 경험을 표현하는 데 사용되는 많은 담론 형식들이 존재한다는 것이다. 그러나 실제로는 이러한 형식들이 경험보다 뒤쳐져 있다. 우리의 삶과 사유와 에너지가 우리가 이것들을 표현하는 데 사용하는 문화적 형식들보다도 더 급격하게 변화하기 때문이다. "실천적 의식은 공식적인 의식과 거의 항상 다르다."(Williams 1977 : 130) 어떤 사회단체나 세대는 전체로서의 문화가 자신이 살아 있다고 말하는 방식과는 다른 방식으로 살아간다.

그러나 수용되고 생산되어 고정된 형식들에 대한 실제적인 대안은 침묵이 아니다. 그것은 부르주아계급이 신비화시킨 부재, 무의식과 같은 것이 아니다. 그것은 진정으로 사회적이고 물질적이지만 완전히 명확하게 표현되거나 한정된 교환이 될 수 있기 전, 각기 일종의 배아 단계에 있는 느낌과 사유이다.(Williams 1977:131)

이것이 바로 윌리엄스가 '전前신생적'인 '느낌의 구조'를 통해 의미하고자 하는 바이다. 새로운 사회적 에너지, 목표 그리고 가치가 완전히 명확하고 체계적인 표현 형식으로 주어지기 전, 덜 명확하고 체계적인 형식들이 출현한다. 이것은 새로운 예술 형식들 내에서뿐만 아니라 말, 매너, 의상 등 새로운 **양식** 내에서 발견될 수 있다. 윌리엄스에게 중요한 것은 현재 체험되고 있는 일련의 문제들이다. 현재의 문화적 절차는 이러한 문제들을 적절히 표현할 형식들을 갖추고 있지 않지만, 〔그 표현 형식들은〕 이 문화 속에서 점차 명확해질 것이다.

느낌의 구조는 **침전되고** 훨씬 더 명확하고 더 즉각적으로 사용 가능한 다른 사회적 의미 형성체와 구별되는 **해결책**의 사회적 경험이라고 정의될 수 있다.(Williams 1977:133)

윌리엄스는 이번 장을 마무리하는 데 적절한 인물이다. 왜냐하면 윌리엄스는 알튀세르가 1970년대 이론적 혁명에서 시작해 오늘날에 이르기까지 문학 및 문화 연구에서 지속적으로 영향을 미쳐 온 방식을 예증하기 때문이다. 윌리엄스의 저작 역시 문학 연구에 엄청나게 영향을 미치고 있다. 문화유물론은 문화 연구에서 그러했던 것처럼 문학 연구에서도 계속해서 지배적인 담론이 되고 있다. 그리고 윌리엄스는 종종 이러한 재배적 담론의 창시자들 가운데 한 사람으로 간주된다.

1970년대 알튀세르의 저작에서 **영향을 받은** 윌리엄스는 정치적으로 적극적인 현대적 형식의 비평들이 발전하는 데 영향을 주었다. 이러한 점에서 그의 저작은 문학 및 문화 연구에서 알튀세르의 지속적인 현전을 잘 보여 준다. 비록 오늘날 열렬한 알튀세르주의 비평가들이 거의 없기는 하지만, 거의 모든 형식의 정치 비평은 어느 정도 1970년대부터 윌리엄스가 정치 비평에 끼친 영향을 통해 알튀세르의 저작에서 영향을 받았다고 할 수 있다. 신역사주의, 문화유물론, 탈식민적이고 인종중심주의적인 비평, 게이 이론 및 퀴어 이론, 페미니즘, 후기구조주의, 문화 연구는 모두 알튀세르의 저작, 특히 그의 이데올로기 이론이 핵심부를 이루고 있는 지적인 영역 안에서 작동하는 담론들이다.

알튀세르는 오늘날의 문화 비평가들에게는 비판적 사상가로 남아 있다. 세계 자본주의사회 내에서 실천되며 이 사회를 **비판하는 것**을 정확히 목표로 하는 문학 연구 내 담론들은 알튀세르의 작업이 구현한 참조틀 내에서 정식화되기 때문이다. 알튀세르를 받아들이지 않고서는 오늘날의 정치 비평을 이해하거나 실천할 수 없다.

알튀세르의 모든 것

Louis Althusser

| 알튀세르가 쓴 텍스트

Althusser, L. (1969) 《For Marx》, trans. B. Brewster, London and New York : Verso. First published as 《Pour Marx》, Paris : Maspero, 1965.

알튀세르의 첫 주요 논문 모음집. 〈맑스주의와 휴머니즘〉에 처음으로 이데올로기 논의가 등장한다. 베르톨라치와 브레히트에 대한 글은 연극 비평에 쓰이는 개념을 제공한다.

Althusser, L. and Balibar, É. (1970) 《Reading Capital》, trans. B. Brewster, London and New York : Verso. First published as 《Lire le Capital》, Paris : Maspero, 1968.

이 책 첫 절에서 알튀세르는 '징후적 독해' 개념의 윤곽을 제시한다. 두 번째 절에서는 맑스의 《자본론》에서 맑스주의 역사과학의 근본적인 개념을 도출한다. 《자본론을 읽는다》 제1권과 2권의 내용 전체는 《자본론을 읽는다Lire le Capital》 vols. 1 and 2, Paris : Maspero, 1965.

Althusser, L. (1971) 《Lenin and Philosophy, and Other Essays》, trans. B. Brewster, London : New Left Books, and New York : Monthly Review Press.

여기에 실린 논문들에서 알튀세르는 철학에 대한 그의 두 번째 정의, 즉 '이론상의 계급투쟁' 개념을 발전시킨다. 특히 〈레닌과 철학〉(1968),

인터뷰 〈혁명 도구로서의 철학〉(1967)을 보라. 이 논문집에는 또한 '이데올로기적 국가장치'에 대한 1969년의 논문도 실려 있다. 〈예술에 대한 서신〉(1966), 크레모니니의 회화에 관한 논문(1966) 참조.

Althusser, L. (1976) 《Essays in Self-Criticism》, trans. G. Lock, London : New Left Books, and Atlantic Highlands, NJ : Humanities Press.

《마르크스를 위하여》와 《자본론을 읽는다》의 입장을 재검토한 저작. 1972년 〈존 루이스에 대한 답변〉에서 이론상의 계급투쟁으로 철학을 재정립한다.

Althusser, L. (1977)〈On the Twenty-Second Congress of the French Communist Party〉, trans. B. Brewster, 《New Left Review》, 104 : 3-22.

프랑스공산당의 이론과 실천에 대한 알튀세르 최초의 긴 논평.

Althusser, L. (1978) 〈The Crisis of Marxism〉, trans. G. Lock, 《Marxism Today》, July 1978 : 215-20, 227.

현대 맑스주의 이론과 실천이 봉착한 심각한 문제들에 관한 알튀세르의 논쟁적인 설명.

Althusser, L. (1978)〈What Must Change in the Party〉, trans. P. Camiller, 《New Left Review》, 109 : 19-45.

1978년 프랑스 대선에서 좌파연합의 패배를 가져온 프랑스공산당의 이론적·실천적 오류들을 격정적으로 분석한 글. 원래는 《르몽드》에 게재.

Althusser, L. (1983) 〈Appendix : Extracts from Althusser〉, 《Note on the ISAs'》, trans. J. Leaman, 《Economy and Society》, 12 : 455–67.

1976년에 쓴 〈이데올로기와 이데올로기적 국가장치〉에서 제기한 쟁점으로 복귀. 이 글은 알튀세르 생전에 프랑스어로 발표되지 않았다.

Althusser, L. (1990) 《Philosophy and the Spontaneous Philosophy of the Scientists, and Other Essays》, ed. G. Elliott, London and New York : Verso.

이데올로기에 관한 중요한 내용을 담고 있는 최초의 에세이. 논문 〈1967〉의 제목은 《마르크스를 위하여》와 《자본론을 읽는다》 간의 전환점을 나타낸다. '이론상의 계급투쟁'이라는 철학에 관한 두 번째 정의도 담겨 있다.

Althusser, L. (1993) 《The Future Lasts a Long Time : A Memoir》, ed. O. Corpet and Y.M. Boutang, trans. R. Veasey, London : Chatto and Windus. First published as 《L'venir dure longtemps》, suivi de 《Les faits》, Paris : Stock/IMEC, 1992.

매우 읽기 쉽다. 아내 살해 재판에서 했어야 할 증언을 대신하여 당시 본인의 심리적 상태를 설명했다. 1976년 '사실'이라는 제목으로 발표된 자전적 스토리도 포함돼 있다.

Althusser, L. (1994a) 《Écrits philosophiques et politiques》, vol. 1, ed. F. Matheron, Paris : Stock/IMEC.

1980년 오랜 입원 생활을 마치고 쓴 글들을 담고 있는 〈알튀세르 다음의 루이 알튀세르Louis Althusser après Althusser〉가 특히 흥미롭다. 〈우발성 유물론의 숨겨진 흐름Le courant souterrain du matérialisme de la rencontre〉(1982)은 '우발성 유물론' 개념을 소개했다.

Althusser, L. (1994b) 《Sur la philosophie》, Paris : Gallimard.

1980년 이후의 인터뷰와 우발성 유물론에 관해 나바로와 주고받은 서신들을 수록.

Althusser, L. (1995a) 《Écrits philosophiques et politiques》, vol. 2, ed. F. Matheron, Paris : Stock/IMEC.

〈예술에 대한 글쓰기Écrits sur l'art〉 등 희곡과 예술을 다룬, 영어로 번역되지 않은 논문들이 수록돼 있다.

Althusser, L. (1995b) 《Sur la reproduction》, Paris : Presses Universitaires de France.

알튀세르가 〈이데올로기와 이데올로기적 국가장치〉에서 직접 발췌한 미출간 논문들.

Althusser, L. (1996)《Writings on Psychoanalysis : Freud and Lacan》, ed. O. Corpet and F. Matheron, trans. J. Mehlman, New York : Columbia University Press. An abridged translation of《Écrits sur la psychanalyse : Freud et Lacan》, Paris : Stock/IMEC, 1993.
정신분석에 대한 세밀한 관심을 표명하는, 알튀세르의 철학적 작업에 대한 중요한 부연.

Althusser, L. (1997)《The Spectre of Hegel : Early Writings》, ed. F. Matheron, trans. G. Goshgarian, London and New York : Verso. A translation of Part 1 of《Écrits philosophiques et politiques》, vol. 1, Paris : Stock/IMEC, 1994.
1946~53년의 초기 작업들. 초기 헤겔주의와 가톨릭주의, 스탈린주의에서 점차 성숙해지며 발전하는 복합적인 양상을 엿볼 수 있다.

Althusser, L. (1998a)《Lettres à Franca, 1961–1973》, Paris : Stock/ IMEC.
가장 영향력 있는 글들을 발표할 당시에 연인에게 쓴 편지글 선집. 자신의 작업과 당대의 철학 및 문화에 대한 성찰들을 담고 있다.

Althusser, L. (1998)《Solitude de Machiavel, et autres texts》,

ed. Y. Sintomer, Paris : Presses Universitaires de France.

프랑스철학학회에 기고한 〈레닌과 철학〉 논의가 특히 흥미롭다. 이와 관련해 나중에 발리바르가 《자본론을 읽는다》에 관해 쓴 다음의 성찰도 찾아 읽어 보길. Balibar, É. (1973) 〈Self-Criticism : Answer to Questions from "Theoretical Practice"〉, 《Theoretical Practice》, 7-8 : 56-2.

| 맑스가 쓴 텍스트　　　　　　　　　　　　　　|

Marx, K. (1964) 《The Economic and Philosophical Manuscripts of 1844》, ed. D. Struik, trans. M. Milligan, New York : International.

1844년에 기록되어 1932년 독일에서 처음으로 출간된 텍스트. 맑스가 전 생애에 걸쳐 몰두한 체계적인 경제학 연구의 초안. '젊은 시절의 맑스'와 이후 맑스주의 휴머니즘의 토대가 되는 텍스트. 〈소외된 노동〉이 가장 중요한 장.

Marx, K. and Engels, F. (1976) 《The German Ideology》, in 《Collected Works》, vol. 5 : 《Marx and Engels 1845-7》, London : Lawrence and Wishart, and New York : International.

1845년에 기록되어 1932년 독일에서 초판 발행. 서문과 약 70쪽의 첫

단원 〈포이어바흐_{Feuerbach}〉를 필독할 것. 사적유물론 개념에 대한 맑스와 엥겔스의 가장 체계적인 설명이 담겨 있다.

Marx, K and Engels, F. (2002)《The Communist Manifesto》, ed. G. Stedman Jones, trans. S. Moore, London and New York : Penguin.

1848년 독일에서 첫 간행. 짧고 읽기 쉬운 입문글. 부르주아지와 프롤레타리아트 투쟁으로 이어진 계급투쟁의 역사에 대한 해설.

Marx, K. (1977)〈Preface to A Critique of Political Economy〉 in《Selected Writings》, ed. D. McLellan, Oxford and New York : Oxford University Press.

1859년 독일에서 초판 발행. 맑스의 지적 발전에 관한 두세 쪽의 해설과 유물론의 역사 개념에 대한 압축된 설명.

Marx, K (1976)《Capital : A Critique of Political Economy》, vol. 1, trans. B. Fowkes, Harmondsworth and New York : Penguin.

1867년 독일에서 초판 발행. 기술적인 설명으로 시작되지만, 매우 이해하기 쉽다. 알튀세르가 조율한 핵심 텍스트. 길지만 완독할 가치가 있다. 좀 더 접근하기 쉬운 분량의 입문 선집은《Karl Marx : Selected Writings》, ed. D. McLellan (Oxford and New York : Oxford University Press, 1977).

Marx, K. and Engels F. (1976)《On Literature and Art》, Moscow : Progress.

문학과 예술에 관한 맑스와 엥겔스의 특별한 저작. 그리스 예술에 관한 맑스의 단편과, 사회주의 작가인 민나 카우츠키Minna Kautsky · 마가레트 하크니스Margaret Harkness · 페르디난트 라살레Ferdinand Lassalle에게 맑스와 엥겔스가 보낸 서신 등이 흥미롭다.

| 알튀세르에 대한 논의

영어로 번역되지 않은 프랑스어 텍스트

Albiac, G. 《et al.》 (1997)《Lire Althusser aujourd'hui》, Paris : L'Harmattan.

사후 출간과 장학기금 등으로 재규정된 알튀세르의 전집 다시 읽기. 하울레M.V. Howlett가 알튀세르의 '연극théâtre' 개념을 분석했다.

Boutang, Y.M. (1992)《Louis Althusser : une biographie》, vol. 1 :《La formation du mythe》(1918–1956), Paris : Grasset.

알튀세르의 전기에 세심하게 접근한 최초의 저작. 읽을 만한 가치가 있다.

Callari, A. and Ruccio, D., eds. (1998) 《Rereading Althusser》: special issue of 《Rethinking Marxism》, 10/3.

알튀세르 사후의 저작까지 포함하여 분석한 중요한 총서. 프랑수아 마트롱François Matheron이 알튀세르의 '공허vide' 개념을 분석한다. 막스 Max Statkiewicz는 사후에 발표된 두 편의 논문을 토대로 알튀세르의 연극 개념을 검토한다. 페르난다 나바로는 1980년 이후의 알튀세르 저작을 가장 명료하게 설명한다. 《미래는 오래 지속된다》의 분석은 가브리엘 알비악Gabriel Albiac이 맡았다.

Elliott, G. (1987) 《Althusser: The Detour of Theory》, London and New York: Verso.

영어로 된 최고의 연구서. 알튀세르가 한 발언들의 정치적·철학적 맥락에 관한 유용한 자료들이 담겨 있다.

Elliott, G., ed. (1994) 《Althusser: A Critical Reader》, Oxford and Cambridge, MA: Blackwell.

주요한 논문 선집. 특히 에릭 홉스봄Eric Hobsbawm의 초기 평론과 폴 리쾨르Paul Ricoeur의 이데올로기론, 프랜시스 멀헌이 분석한 알튀세르가 문학 연구에 끼친 영향, 그레고리 엘리엇의 《미래는 오래 지속된다》 연구가 일독할 가치가 있다. 피터 듀스Peter Dews가 분석한 인식론적 맥락과, 알튀세르와 라캉의 연관성을 분석한 데이비드 마시의 글도 유익하다.

Goldstein, P., ed. (1994) 《The Legacy of Althusser》 : special issue of 《Studies in Twentieth Century Literature》, 18/1.

알튀세르의 동시대적 의미에 관한 문학적 독해. 이제는 지배적인 ISA(이데올로기적 국가장치)가 된 대중문화에 대한 칩 로데스의 논의가 특히 인상적이다. 데이비드 마르골리스David Margolies가 문학 연구 내의 '알튀세르주의'를 설명해 준다.

Kaplan, E. A. and Sprinker, M., eds. (1993) 《The Althusserian Legacy》, **London and New York : Verso.**

인문학에서 알튀세르가 차지하는 중요성을 다룬 광범위한 초기 학술 토론. 에티엔 발리바르가 알튀세르의 이데올로기 개념을 비판적으로 성찰하고, 워런 몬택이 알튀세르 독해 이론에 담긴 스피노자 철학에 대한 중요한 설명을 제공한다. 알튀세르의 전 동료인 자크 데리다와의 유용한 인터뷰도 실려 있다.

Lezra, J., ed. (1995) 《Depositions : Althusser, Balibar, Macherey, and the Labor of Reading》 : special issue of 《Yale French Studies》, 88.

일부 발전된 철학적 비평적 연구. 주디스 버틀러Judith Butler의 이데올로기적 국가장치 논문, 알튀세르의 독해 이론을 다룬 엘런 루니Ellen Rooney의 분석이 눈에 띈다.

Montag, W. (2003) 《Louis Althusser》, **Houndmills and New**

York : Palgrave Macmillan.

《미래는 오래 지속된다》의 징후적 독해를 비롯, 알튀세르와 마슈레의 문학 이론을 옹호하는 비평들이 담겨 있다. 알튀세르가 쓴 〈브레히트와 맑스〉 영어 번역본도 수록.

Thompson, E.P. (1978), 〈The Poverty of Theory : or an Orrery of Errors〉 in 《The Poverty of Theory, and Other Essays》, London : Merlin, and New York : Monthly Review Press.

알튀세르의 스탈린주의를 비판하는 역사학자의 격론.

알튀세르주의 문학 이론과 비평

문학 연구 분야에서 알튀세르의 작품이 갖는 중요성을 다룬 주요 문학 이론 및 비평들이다.

Balibar, É. and Macherey, P. (1996) 'On Literature as an Ideological Form' in T. Eagleton and D. Milne, eds., 《Marxist Literary Theory : A Reader》, Oxford and Cambridge, MA : Blackwell. First published as 'réface' in R. Balibar, 《Les français fictifs》, Paris : Hachette, 1974.

이데올로기적 국가장치 논문에 초점을 맞춘 마슈레의 초기 이론을 수정한 글. 프랑스의 교육적 ISA 안에서 문학의 조직과 역할을 다뤘다.

Balibar, R. (1974) 《Les français fictifs : Le rapport des styles littéraires au français national》, Paris : Hachette.

프랑스의 교육 ISA 안에서 문학 언어의 기능을 분석.

Balibar, R. (1978) 〈An Example of Literary Work in France : George Sand' "La Mare au Diable"/ "The Devil's Pool" of 1846〉 in F. Barker et al., 《1848 : The Sociology of Literature》, Colchester : University of Essex Press.

알튀세르의 교육 ISA 이론에 초점을 맞춰, 국어와 문학 언어에 일어나는 계급 갈등을 다룬 르네 발리바르의 글을 영어로 소개.

Bennett, T. (2003) 《Formalism and Marxism》, 2nd edition, London and New York : Routledge.

알튀세르적 미학에 작동하는 이상적인 '문학' 개념을 비평.

Eagleton, T. (1976) 《Criticism and Ideology : A Study in Marxist Literary Theory》, London and New York : Verso.

알튀세르와 마슈레에게 영향을 받은 맑스주의 문학 이론에 관한 치밀한 연구. 이글턴은 특히 미학적 가치를 다룬 마지막 장에서 그 영향을 비판하고 뛰어넘으려 한다.

Eagleton, T. (1981) 《Walter Benjamin, or Towards a Revolutionary Criticism》, London : Verso.

특히 서론과 〈맑스주의 비평〉 장에서 이글턴은 맑스주의 문학 이론에서 말하는 알튀세르적 문제계를 뛰어넘는다. 두 번째 절에서는 이 새로운 입장을 예증한다.

Eagleton, T. (1986) 《Against the Grain : Essays 1975–1985》, London : Verso.

조셉 콘래드의 《간첩The Secret Agent》을 다룬 장에서 알튀세르적 비평을 해설한다. 마슈레를 다룬 장에서는 마슈레의 《문학생산이론》과 이후 씌어진 두 편의 논문을 비판적으로 검토한다. 서문에서 이글턴은 자신의 과거 알튀세르주의적 입장을 해명한다.

Feltes, N. (1986) 《Modes of Production of Victorian Novels》, Chicago and London : University of Chicago Press.

다섯 편의 빅토리아기 소설을 통해 자본주의사회 형성에서 문학 생산 양식이 어떻게 변화되고 결정되는지를 살핀다.

Feltes, N. (1993) 《Literary Capital and the Late Victorian Novel》, Madison : University of Wisconsin Press.

전작의 내용이 발전된 성과물. 펠츠는 후기 빅토리아기 출판 산업을 형성하는 독특한 관행들을 분석하고, 일련의 소설 및 논문들이 이런 관행들로 결정되었다고 주장한다.

Jameson, F. (1981) 《The Political Unconscious : Narrative as

a Socially Symbolic Act》, London ： Routledge.

내러티브 이론과, 이 이론과 계급투쟁 역사의 연관성. 알튀세르의 구조적 인과율 개념과 관계가 있다.

Macherey, P. (1976) 〈The Problem of Reflection〉, trans. S. Lanser, 《Substance》, 15 ： 6–0.

마슈레의 가장 성숙한 '알튀세르주의자' 진술. 맑스 미학의 전통적인 개념을 비판적으로 발전시켰다. 문학을 이데올로기적 형태와 생산 과정 양면에서 분석.

Macherey, P. (1978) 《A Theory of Literary Production》, trans. G. Wall, London and New York ： Routledge. First published as 《Pour une théorie de la production littéraire》, Paris ： Maspero, 1966.

알튀세르주의 문학 이론과 비평을 다룬 고전. 쉽지는 않다. 〈톨스토이 비평가로서의 레닌〉을 먼저 읽도록. 가장 명징하고 이론 전체를 조망할 출발점을 제시한다. 쥘 베른 비평을 읽기 전에 베른의 《신비한 섬》 원작을 먼저 읽기를 추천.

Macherey, P. (1995) 《The Object of Literature》, trans. D. Macey, Cambridge ： Cambridge University Press. First published as 《À quoi pense la littérature ： exercices de philosophie littéraire》, Paris ： Presses Universitaires de

France, 1990.

'문학철학'이라는 새로운 개념에 기반한 마슈레의 1980년대 문학 연구 선집.

Macherey, P. (1998)《In a Materialist Way》, ed. W. Montag, trans. T. Stolze, London and New York : Verso.

본인의 저작 활동에 대한 1991년 해명이 담겨 있다. 여기서 마슈레는 《문학생산이론》과 《문학의 목적The Object of Literature》의 입장을 설명한다. 〈문학 재생 이론을 위해〉에서는 수용사reception history 문제를 꺼낸다. 도입부에서 알튀세르와 마슈레 간의 관계를 조명한다.

Sprinker, M. (1987)《Imaginary Relations : Aesthetics and Ideology in the Theory of Historical Materialism》, London and New York, Verso.

미국의 주요한 알튀세르주의 문학 이론가의 저작. 알튀세르 미학에 대한 해명뿐 아니라, 해체의 비평적 가치를 옹호하는 내용도 담고 있다.

Williams, R. (1977)《Marxism and Literature》, Oxford : Oxford University Press.

'문화유물론'이라는 포스트-알튀세르주의 문제계에 관한 고전적 저작.

| 참고문헌

알튀세르의 저작

'M'   'The Crisis of Marxism', trans. G. Lock, *Marxism Today*, July 1978: 215–20, 227.

ESC   *Essays in Self-Criticism*, trans. G. Lock, London: New Left Books, and Atlantic Highlands, NJ: Humanities Press, 1976.

FLLT   *The Future Lasts a Long Time: A Memoir*, ed. O. Corpet and Y.M. Boutang, trans. R. Veasey, London: Chatto and Windus, 1993.

FM   *For Marx*, trans. B. Brewster, London and New York: Verso, 1969.

LP   *Lenin and Philosophy, and Other Essays*, trans. B. Brewster, London: New Left Books, and New York: Monthly Review Press, 1971.

PSPS   *Philosophy and the Spontaneous Philosophy of the Scientists, and Other Essays*, ed. G. Elliott, trans. B. Brewster et al., London and New York: Verso, 1990.

RC   L. Althusser and É. Balibar, *Reading Capital*, trans. B. Brewster, London: New Left Books, 1970.

'WMCP'   'What Must Change in the Party', trans. P. Camiller, *New Left Review* 109 (1978): 19–5.

맑스의 저작

C   *Capital: A Critique of Political Economy*, vol. 1, trans. B. Fowkes,

Harmondsworth and New York: Penguin, 1976.

EPM　　*Economic and Philosophical Manuscripts of 1844*, ed. D. Struik, trans. M. Milligan, New York: International, 1964.

G　　*Grundrisse: Foundations of the Critique of Political Economy* (Rough Draft), trans. M. Nicolaus, Harmondsworth: Penguin, and New York: Random House, 1973.

SW　　*Selected Writings*, ed. D. McLellan, Oxford and New York: Oxford University Press, 1977.

맑스와 엥겔스의 저작

CM　　*The Communist Manifesto*, ed. G. Stedman Jones, trans. S. Moore, London and New York: Penguin, 2002.

GI　　*The German Ideology*, in *Collected Works*, vol. 5: *Marx and Engels 1845–7*, London: Lawrence and Wishart, and New York: International, 1976.

SC　　*Selected Correspondence*, Moscow: Foreign Languages Publishing House, n.d.

기타 저작

Albiac, G. (1998) 'Althusser, Reader of Althusser : Autobiography as Fictional Genre', trans. C. Campbell, *Rethinking Marxism* 10/3 : 80–89.

Balibar, É. and Macherey, P. (1982) 'Interview', *Diacritics* 12 : 46–51.

―――― (1996) 'On Literature as an Ideological Form', in T. Eagleton and D.

Milne, eds., *Marxist Literary Theory : A Reader*, Oxford and Cambridge, MA : Blackwell.

Belsey, C. (1980) *Critical Practice*, London and New York : Routledge.

Bennett, T. (2003) *Formalism and Marxism*, 2nd edition, London and New York : Routledge.

Brecht, B. (1964) *Brecht on Theatre : The Development of an Aesthetic*, ed. and trans. J. Willett, London : Methuen, and New York : Hill and Wang.

Communist Party of the Soviet Union (CPSU) (1961) *The Road to Communism : Documents of the 22nd Congress of the Communist Party of the Soviet Union*, Moscow : Foreign Languages Publishing House.

Eagleton, T. (1976) *Criticism and Ideology : A Study in Marxist Literary Theory*, London and New York : Verso.

_____ (1981) *Walter Benjamin, or Towards a Revolutionary Criticism*, London : Verso.

_____ (1982) 'Interview', *Diacritics* 12 : 53–64.

_____ (1986) *Against the Grain : Essays 1975–1985*, London : Verso.

_____ (1988) *Myths of Power : A Marxist Study of the Brontës*, 2nd edition, Basingstoke : Macmillan.

Elliott, G. (1987) *Althusser : The Detour of Theory*, London and New York : Verso.

_____ (1994), 'Analysis Terminated, Analysis Interminable : The Case of Louis Althusser', in G. Elliott (ed.) *Althusser : A Critical Reader*, Oxford and Cambridge, MA : Blackwell.

Ephron, N., dir. (1998) *You've Got Mail*, Warner Bros.

Fox, E. (1992) 'Madness, Marxism and Murder', *Independent Magazine*, 11 July.

Hawthorne, N. (1983) *The Scarlet Letter*, ed. N. Baym, New York : Penguin (originally published 1850).

Heath, S. (1976) 'Anata Mo', *Screen* 17 : 49–6.

Hobsbawm, E. (1994) 'The Structure of Capital', in G. Elliott (ed.), *Althusser : A Critical Reader*, Oxford and Cambridge, MA : Blackwell.

Jameson, F. (1991) *Postmodernism, or, The Cultural Logic of Late Capitalism*, London and New York : Verso.

Laclau, E. and Mouffe, C. (2001) *Hegemony and Socialist Strategy : Towards a Radical Democratic Politics*, 2nd edition, London and New York : Verso.

MacCabe, C. (1985) *Theoretical Essays : Film, Linguistics, Literature*, Manchester : Manchester University Press.

Macherey, P. (1977) 'An Interview with Pierre Macherey', *Red Letters* 5 : 3–9.

_____ (1978) *A Theory of Literary Production*, trans. G. Wall, London and New York : Routledge.

_____ (1995) *The Object of Literature*, trans. D. Macey, Cambridge and New York : Cambridge University Press.

Montag, W. (2003) *Louis Althusser*, Basingstoke and New York : Palgrave Macmillan.

Mulhern, F. (1994) 'Message in a Bottle : Althusser in Literary Studies', in G. Elliott (ed.) *Althusser : A Critical Reader*, Oxford and Cambridge, MA :

Blackwell.

Navarro, F. (1998) 'An Encounter with Althusser', *Rethinking Marxism* 10/3 : 93–98.

Poster, M. (1975) *Existential Marxism in Postwar France : From Sartre to Althusser*, Princeton : Princeton University Press.

Radway, J. (1984) *Reading the Romance : Women, Patriarchy and Popular Literature*, Chapel Hill, NC : University of North Carolina Press.

Saussure, F. de (1959) *Course in General Linguistics*, ed. C. Bally and A. Sechehaye, trans. W. Baskin, New York : Philosophical Library.

Verne, J. (2001) *The Mysterious Island*, ed. A. Evans and W. Butcher, trans. S. Kravitz, Middletown, CT : Wesleyan University Press (originally published 1875).

Williams, R. (1977) *Marxism and Literature*, Oxford and New York : Oxford University Press.

| 찾아보기

루이 알튀세르의 이데올로기

첫판 1쇄 펴낸 날 2014년 7월 25일

지은이 ㅣ 루크 페레터
옮긴이 ㅣ 심세광
펴낸이 ㅣ 노경인

펴낸곳 ㅣ 도서출판 앨피
출판등록 ㅣ 2004년 11월 23일 제2011-000087호
주소ㅣ서울시 영등포구 영등포로 5길 19 동아프라임밸리 1202-1호
전화ㅣ (02)336-2776   팩스ㅣ0505-115-0525
이메일ㅣlpbook12@naver.co.kr
홈페이지ㅣwww.lpbook.co.kr

ⓒ 앨피

ISBN 978-89-92151-60-3